W0317819

LE GRAND LIVRE des CYCLONES et tempêtes tropicales

Jean-Louis Martin
Rédaction :
Air Libre Communications
Avec la collaboration de Pierre Alibert

Collection
Le Grand Livre

ORPHIE

Sommaire

Fléaux sous surveillance

Mesures de précaution

Reconstruire, préserver

Et demain ?

L'apocalypse

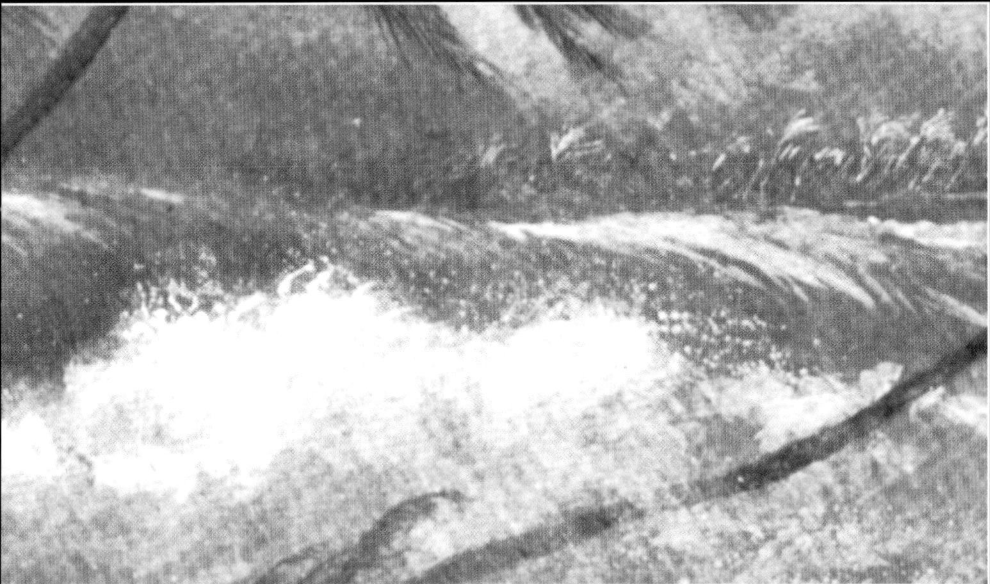

On parle beaucoup des éruptions volcaniques : elles sont spectaculaires. La presse consacre des pages entières aux catastrophes aériennes : elles frappent notre imagination d'apprentis-sorciers qui essaient de voler. Les tremblements de terre font également les gros titres.

Pourtant, ces catastrophes n'arrivent pas en tête du terrible hit-parade de la mort : le phénomène le plus meurtrier, et qui revient chaque année, est le cyclone.

Quelques chiffres, pour donner une idée de la terrible saignée économique et humaine opérée par ces phénomènes : 20 000 morts en moyenne par an ; 250 000 morts pour un seul cyclone, qui frappa le Bangla-Desh en 1970.

Même la puissante flotte des États-Unis a payé son tribut : 15 destroyers, 200 avions et plus de mille hommes ont disparu dans un cyclone en 1944.

Depuis, on étudie soigneusement ces perturbations de l'atmosphère, on les suit à la trace par satellite, on avertit les populations menacées. Mais on ne sait pas arrêter ni détourner les cyclones, qui continuent donc à tuer année après année.

Et sur leur trajectoire, il y a beaucoup de terres françaises…

Un monstre météorologique

Ce tourbillon jaune orangé (ce n'est pas sa couleur naturelle : il est photographié en infrarouge par un satellite de météorologie) mesure plus de mille kilomètres de diamètre.

Les cyclones, qui n'ont rien à voir avec les tornades, peuvent couvrir une superficie supérieure à celle de la France.

Photo par satellite du cyclone Konita sur l'océan Indien (mars 1993).

Une puissance colossale

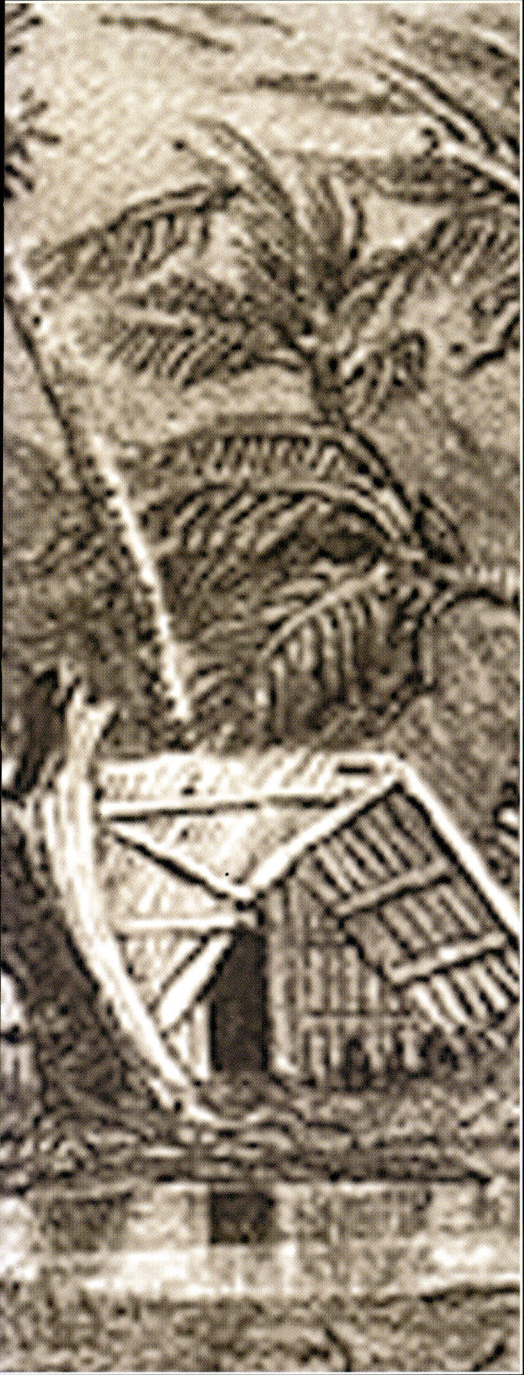

On commence à parler de cyclone tropical quand les vents à l'intérieur du phénomène atteignent 64 nœuds (118 km/h).

Mais dans les cyclones très intenses, les vents sont autrement puissants : certaines rafales peuvent dépasser 300 km/h ! Compte tenu des monstrueuses pressions exercées (imaginez une maison qui fonce à la vitesse d'une formule 1 : un vent de 300 km/h exerce une pression de 9 tonnes par mètre carré !), beaucoup de bâtiments sont détruits et la végétation subit des dégâts considérables.

Cent huit ans d'écart, même endroit et peu de différence entre ces deux images, l'une montrant des paillotes soufflées pendant le cyclone qui a frappé La Réunion en 1881 (lithographie d'Antoine Roussin).

La mer en furie

Le tourbillon cyclonique soulève la mer de deux manières : par son onde de choc et par ses vents.

Les vagues, extrêmement violentes au large, peuvent provoquer des naufrages et la houle, quand elle déferle sur une côte, s'y transforme parfois en raz-de-marée.

Le navire l'Amazone, coulé par un cyclone le 10 octobre 1871 (gravure de Th. Weber).

Des pluies torrentielles

Les monstrueuses masses nuageuses des cyclones contiennent des milliards de tonnes d'eau, qui se déversent brutalement pendant le phénomène, notamment sur les reliefs.

Ces précipitations exceptionnelles (l'équivalent d'une année de pluie parisienne en une journée, voire plus...) sont à l'origine de cet autre danger cyclonique, surtout sensible dans les régions montagneuses : l'inondation.

Évacuation de personnes menacées durant le cyclone Hyacinthe, à La Réunion, en janvier 1980 (Photo Quotidien de La Réunion).

Comme une guerre

Quelques heures de paroxysme suffisent à provoquer, sur les zones atteintes, des dégâts comparables à ceux d'une guerre : dizaines, parfois centaines de morts, immeubles ravagés, récoltes perdues, infrastructures détruites…

Le marché couvert de Fort-de-France après le cyclone de 1891, gravure d'époque.

Ils sont menacés

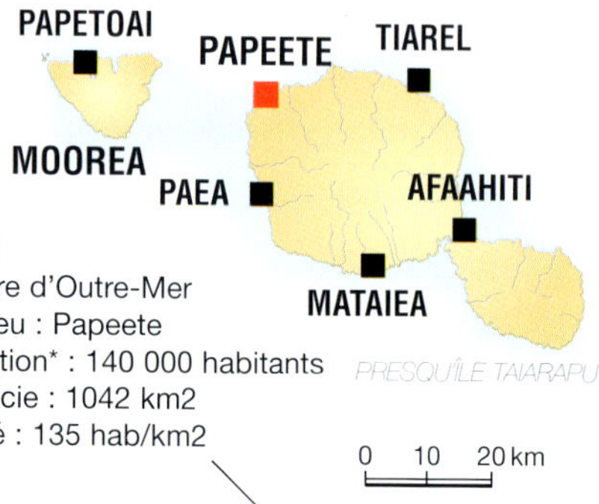

Tahiti
Territoire d'Outre-Mer
Chef-lieu : Papeete
Population* : 140 000 habitants
Superficie : 1042 km2
Densité : 135 hab/km2

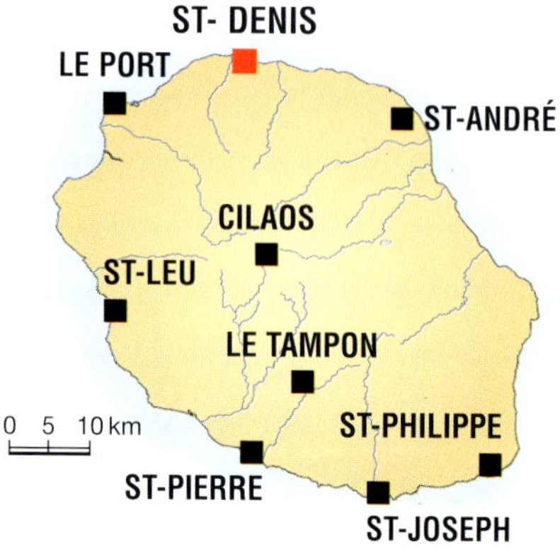

La Réunion
Département d'Outre-Mer
Chef-lieu : Saint-Denis
Population* : 720 000 habitants
Superficie : 2512 km2
Densité : 252 hab/km2

Mayotte
Territoire d'Outre-Mer
Chef-lieu : Mamoudzou
Population* : 153 000 habitants
Superficie : 374 km2
Densité : 410 hab/km2

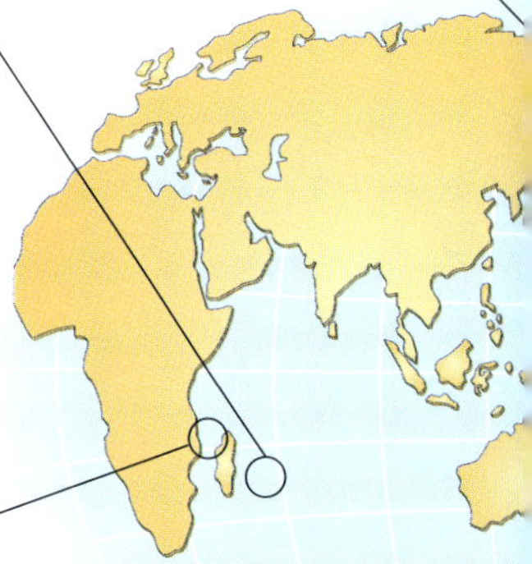

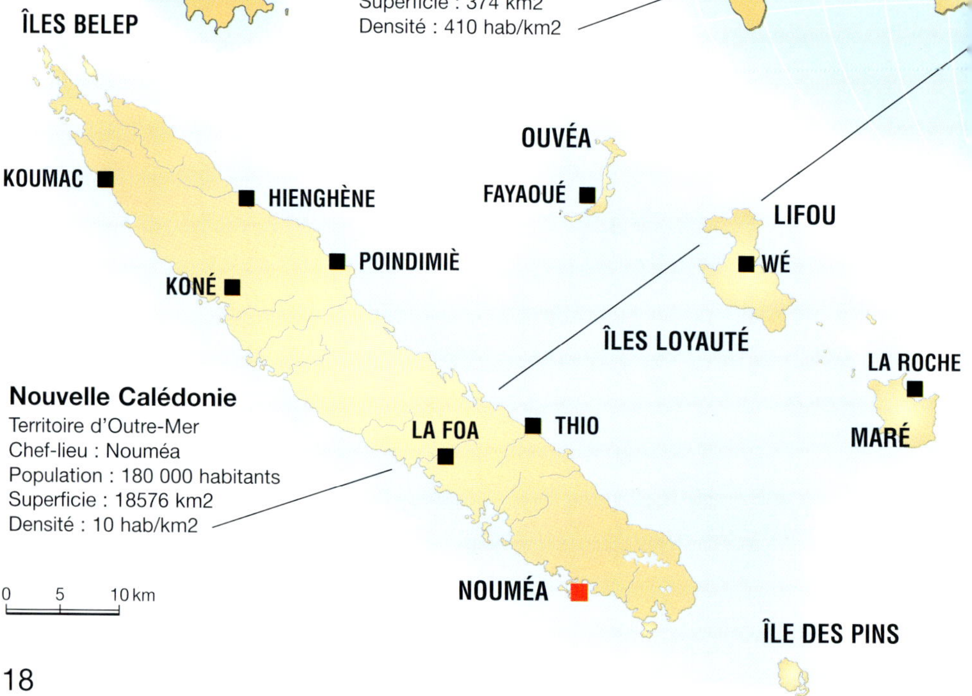

Nouvelle Calédonie
Territoire d'Outre-Mer
Chef-lieu : Nouméa
Population : 180 000 habitants
Superficie : 18576 km2
Densité : 10 hab/km2

Tous ces territoires sont menacés par les cyclones, à des saisons différentes : durant l'été pour ceux qui se trouvent dans l'hémisphère nord, durant l'été austral (hiver du Nord) pour ceux de l'hémisphère sud.

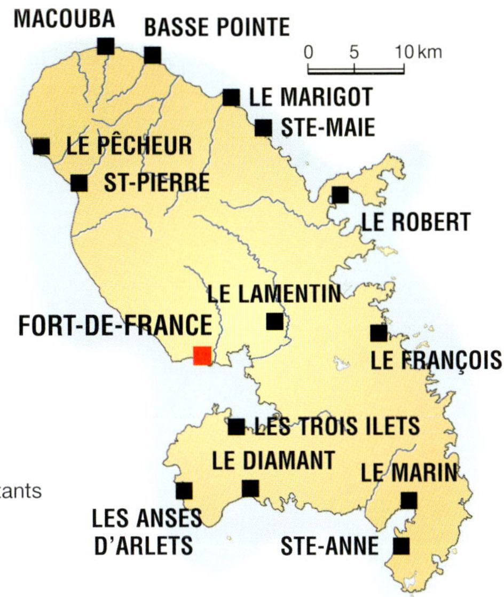

La Martinique
Département d'Outre-Mer
Chef-lieu : Fort-de-France
Population* : 381 000 habitants
Superficie : 1128 km2
Densité : 334 hab/km2

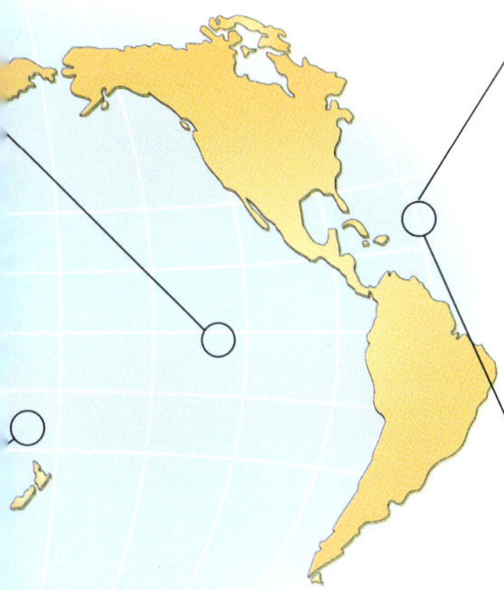

Saint-Martin
Ile franco-hollandaise dont la partie française est rattachée à la Guadeloupe.
Chef-lieu : Marigot
Population* :29 000 habitants
Superficie : 52 km2
Densité : 548 hab/km2

Saint-Barthélemy
Ile française rattachée à la Guadeloupe.
Chef-lieu : Gustavia
Population* :3 500 habitants
Superficie : 21 km2
Densité : 170 hab/km2

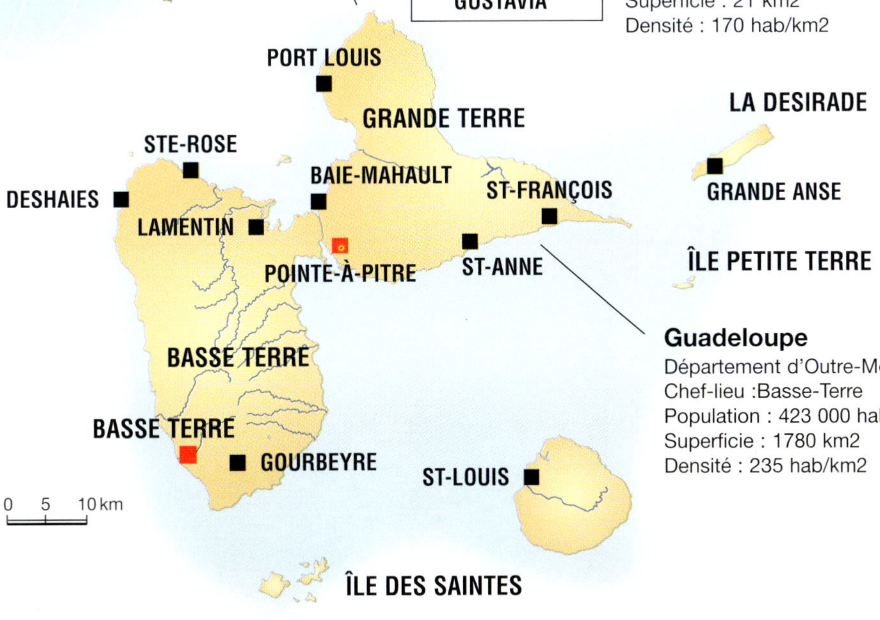

Guadeloupe
Département d'Outre-Mer
Chef-lieu :Basse-Terre
Population : 423 000 habitants
Superficie : 1780 km2
Densité : 235 hab/km2

Qu'est-ce qu'un cyclone ?

Qu'est-ce qu'un cyclone ? Un simple tourbillon d'air chaud, comme il y en a sans cesse dans l'atmosphère terrestre.

Simplement, celui-ci est d'une taille et d'une puissance exceptionnelle : vents de plus de 118 km/h, diamètre parfois supérieur à 1000 km, épaisseur de plusieurs kilomètres. Au total, une puissance déployée équivalente à celle de plusieurs bombes atomiques pas seconde, se déplaçant sur l'océan à la vitesse d'un homme à bicyclette.

Autant dire qu'on a le temps de voir venir le danger. Mais qu'est-ce que cela change, puisqu'on ne peut pas l'éviter ?

Photo par satellite du cyclone tropical intense Litanne (mars 1993). L'œil bien dessiné traduit la force des vents au centre : plus de 250 km/h. Les dégâts sur Madagascar, dont on voit la côte à gauche, furent considérables.
(Photo Météo France).

Un phénomène de saison

La naissance des cyclones est liée au fonctionnement de la machine thermique qu'est la planète Terre. En effet, l'atmosphère est sans cesse agitée de mouvements de convexion, qui brassent ses couches basses et permettent la vie : sans ces mouvements, il ferait horriblement chaud dans les régions équatoriales et horriblement froid dans les régions tempérées. En se déplaçant, l'air équilibre les températures.

Ces déplacements ont un mécanisme simple : l'air chaud s'élève, l'air froid tend à prendre sa place. Mais le mouvement est compliqué par la rotation de la terre. Celle-ci engendre une force, appelée **force de Coriolis**, qui a tendance à faire tourbillonner les courants aériens : dans le sens contraire aux aiguilles d'une montre dans l'hémisphère nord, inversement dans l'hémisphère sud. Toute la météorologie est dominée par ces mouvements.

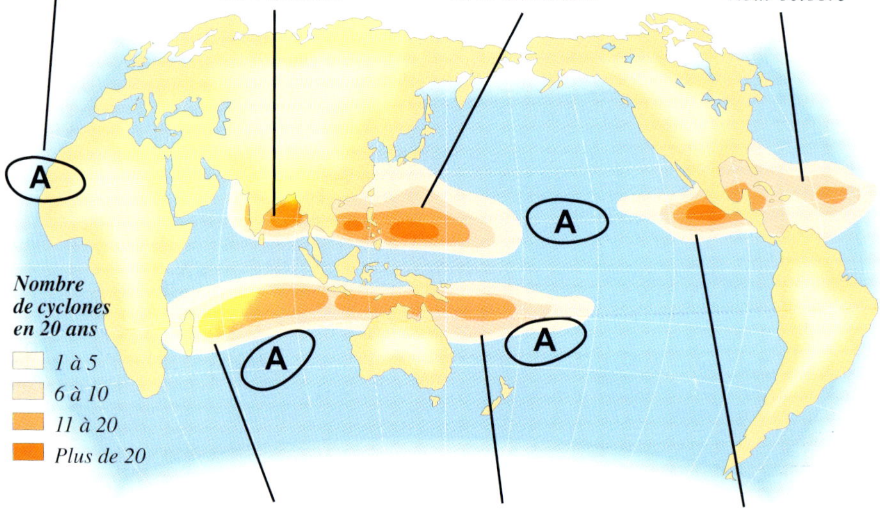

La carte des saisons cycloniques. Elle rappelle les trois caractéristiques essentielles :
— Les cyclones ne se forment que dans les zones tropicales.
— Ils ne se forment qu'en été (de mai à décembre dans l'hémisphère nord, de décembre à avril dans l'hémisphère sud).
— Ils ne se forment qu'au-dessus des océans, mais leur déplacement peut les mener au-dessus des continents.

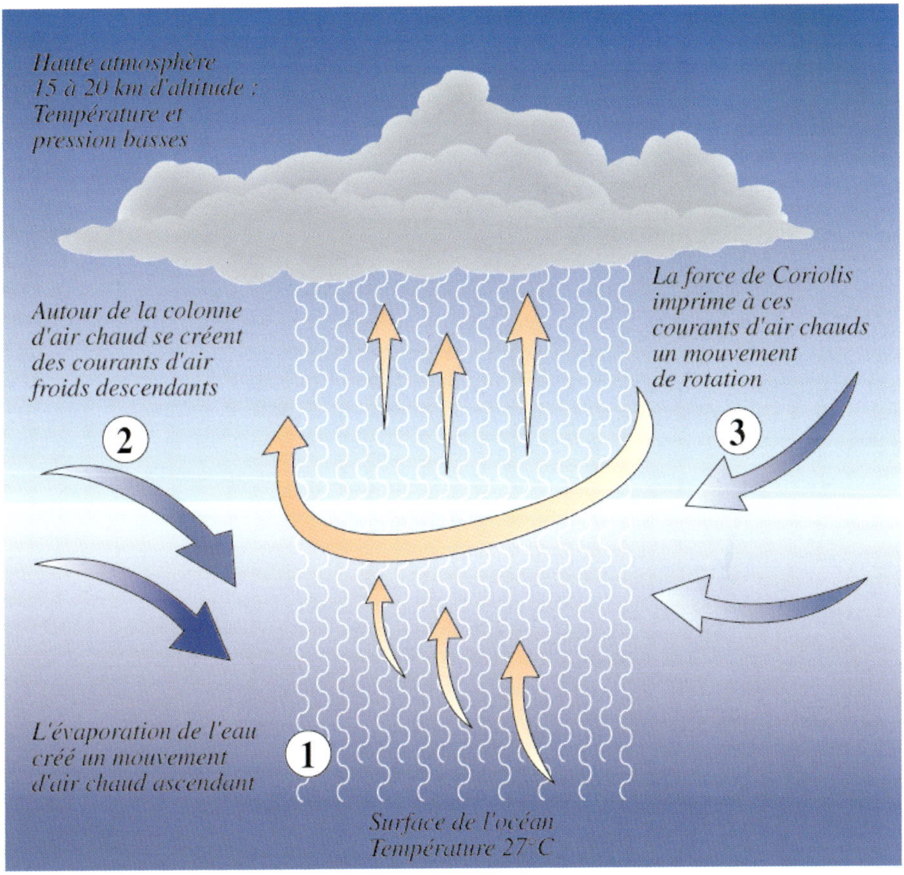

La "machine à vapeur" cyclonique, au début de sa mise en route.

L'air est plus chaud en été qu'en hiver : c'est logique. Et il est plus chaud dans la zone intertropicale que dans les régions tempérées : autre évidence.

Cet air chaud est plus humide que l'air froid : encore une vérité de La Palice. Ces quelques idées simples expliquent tout le "moteur" des cyclones.

Tout au long de l'année, les **dépressions** (air chaud) dansent avec les **anticyclones** (air froid) un ballet qui détermine le temps qu'il fera. Mais au cours de l'été, les mers s'échauffent dans les régions intertropicales.

Cette montée en température est lente, mais, au bout de quelques semaines de saison chaude, il arrive que la surface, dans certaines zones, atteigne la température critique de 27°C.

À cette température, de fortes quantités d'eau s'évaporent et montent vers les hautes couches froides de l'atmosphère. Cette évaporation crée des nuages épais, chargés d'humidité. Et peu à peu, sous l'effet de la force de Coriolis, cette masse va se mettre à tourner. En même temps, elle va commencer à se déplacer, comme une immense toupie ; ce déplacement lui aussi est lié à la rotation de la Terre : sa tendance générale, qu'on soit dans un hémisphère ou dans l'autre, est de s'éloigner de l'équateur, selon une trajectoire globale est-ouest. Mais tous les cyclones ne suivent pas la règle…

Une machine thermique

Une fois qu'il s'est mis en route, le cyclone tropical va continuer à s'alimenter, en capturant les masses d'air chaud et humide à la surface de la mer.

La force de Coriolis l'anime d'un double mouvement : une rotation sur lui-même (qui n'a pas le même sens dans les deux hémisphères) et un glissement sur l'océan, qui a tendance à l'éloigner de l'équateur.

Ce glissement dépasse rarement les 25 km/h et se situe plus généralement entre 10 et 20 km/h. On a donc, pour résumer, une toupie thermique de la taille de la France qui dérive sur l'océan à la vitesse d'un homme à vélo et qui, au long de cette lente dérive, se gorge de puissance.

Cette puissance finit par être colossale : on estime qu'un cyclone intense développe chaque seconde, l'énergie de quatre à dix bombes de type Hiroshima !

Heureusement, l'essentiel de cette énergie se dissipe dans l'atmosphère en échanges thermiques avec les masses froides, en houle, en vents qui n'affectent que l'infini des océans. Mais quand le cyclone, au cours de son errance, approche des zones habitées, il y a de quoi trembler !

La machine thermique continue à s'alimenter tant que la mer qu'elle traverse est assez chaude : un cyclone ne se résorbe que quand il s'est assez éloigné de l'équateur ou quand il a pénétré sur un continent.

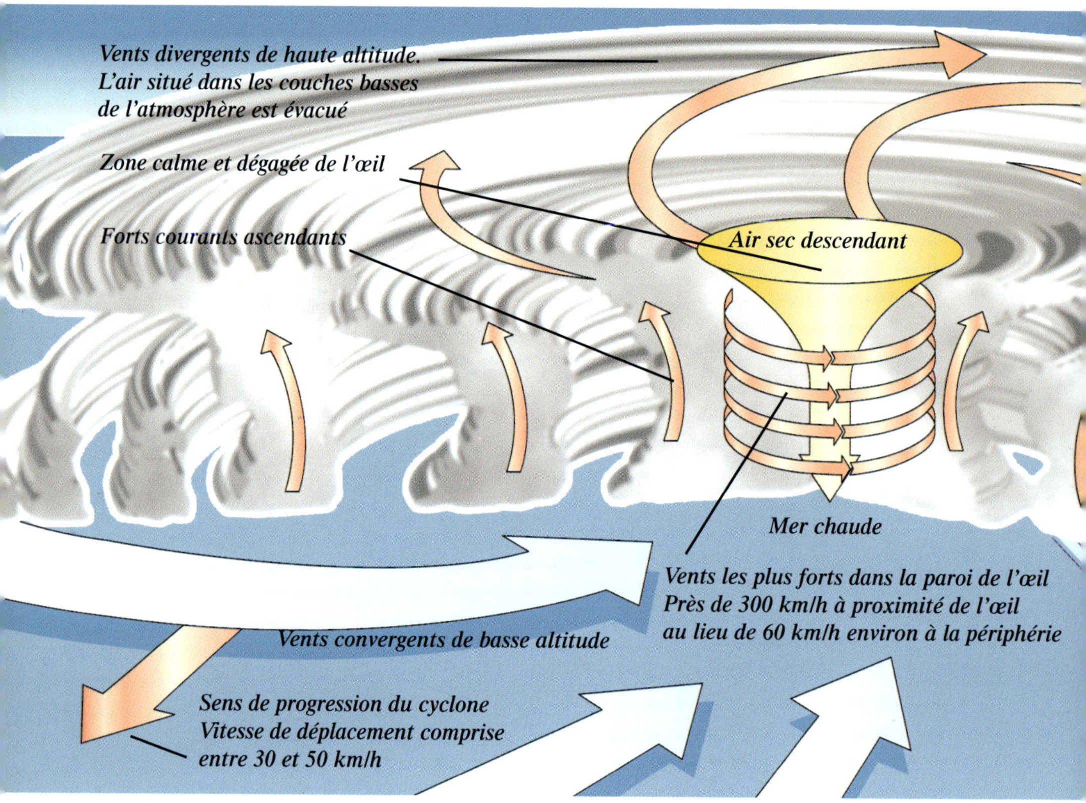

La photographie en infra-rouge montre bien la grande différence de température qui existe entre le tourbillon cyclonique et l'atmosphère environnante. (NOAA).

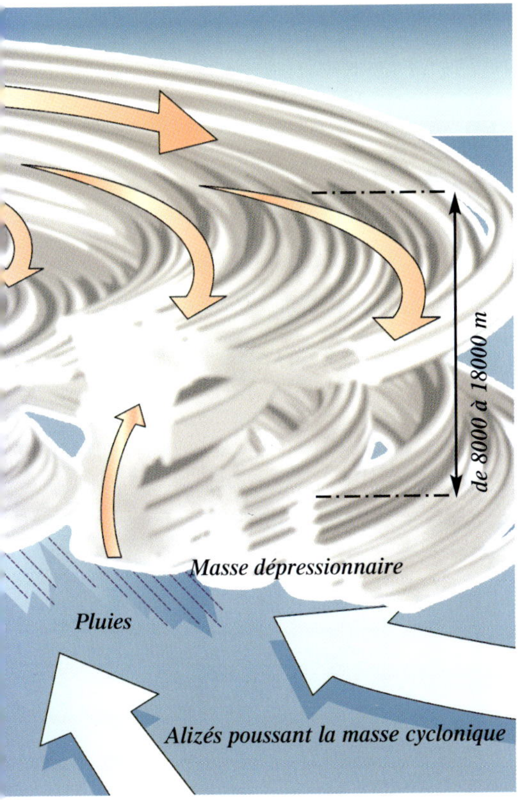

Coupe d'un cyclone.
L'énorme masse d'air chaud s'entretient elle-même en aspirant l'humidité de la mer. Si elle tourne suffisamment vite sur son axe, un œil se creuse au centre.
C'est sur les "parois" de cet œil que les vents sont les plus violents. Dans l'œil, en revanche, il n'y a pas de vent.
Rappelons les dimensions du phénomène : un diamètre qui peut dépasser 1000 km ; quant à l'œil, il peut atteindre plusieurs dizaines de kilomètres.

Des trajectoires capricieuses

Quand la toupie cyclonique est lancée, elle se met à dériver sur la mer, se changeant au passage de nouvelles masses d'air chaud et humide et renforçant donc sa puissance.

Cette progression se poursuivra tant que le cyclone se trouvera au-dessus d'eaux chaudes. Mais l'inertie du phénomène est telle qu'un cyclone peut évoluer pendant plusieurs jours au-dessus d'eaux froides ou d'un continent avant que sa puissance ne diminue.

Si la trajectoire moyenne des cyclones les éloigne de l'équateur en les faisant glisser vers l'ouest, chacun d'entre eux a une histoire beaucoup moins simple. En effet, leur déplacement est perturbé par de nombreux phénomènes : présence de masses froides ou chaudes voisines, courants marins, etc.

La complexité du "paysage météorologique" fait que jusqu'à présent, aucune nation n'est parvenue à prévoir une trajectoire cyclonique. On doit se contenter de "probabilités de proximité" par rapport aux zones habitées.

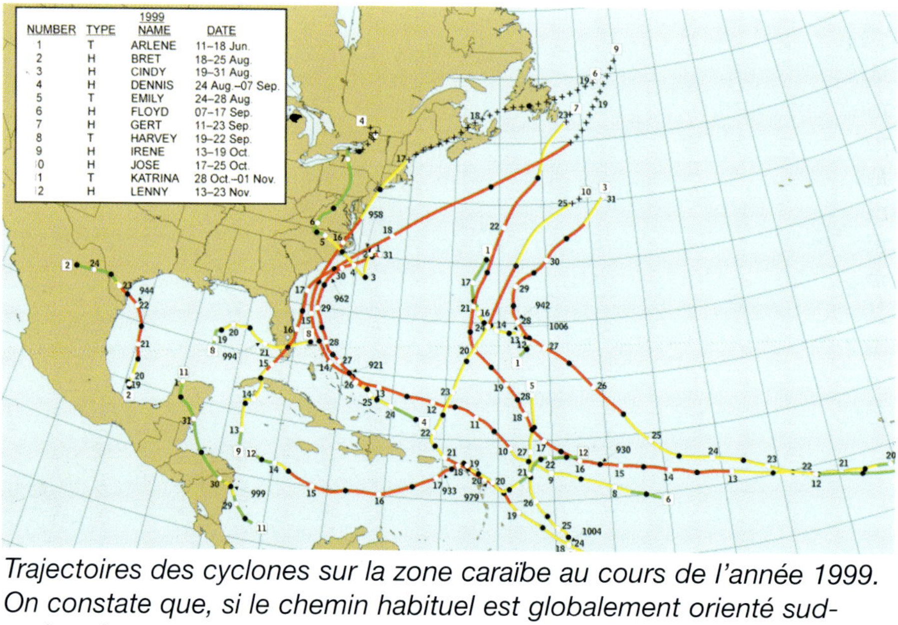

Trajectoires des cyclones sur la zone caraïbe au cours de l'année 1999. On constate que, si le chemin habituel est globalement orienté sud-est/nord-ouest, tous les cyclones n'obéissent pas à cette règle... Les trajectoires cycloniques peuvent être observées en direct sur de nombreux sites Internet. Le mot-clé "cyclone" dirige vers de nombreuses adresses. Parmi les plus performantes figurent celles d'organismes officiels comme les organismes météorologiques internationaux, américains ou français (Météo France, sur meteo.fr, offre un site d'une exceptionnelle qualité), mais de nombreux sites personnels sont animés par des passionnés de la météo.

Un des plus capricieux cyclones du XXe siècle : Hyacinthe (janvier 1980) est revenu trois fois à proximité de La Réunion, où il a fait 25 morts ! Les vents n'étaient pas violents (150 km/h), mais les pluies furent énormes : plus de 6 m d'eau (10 ans de pluie parisienne) en quelques jours, qui entraînèrent des glissements de terrain catastrophiques. Chaque rivière était devenue un torrent au début effrayant.

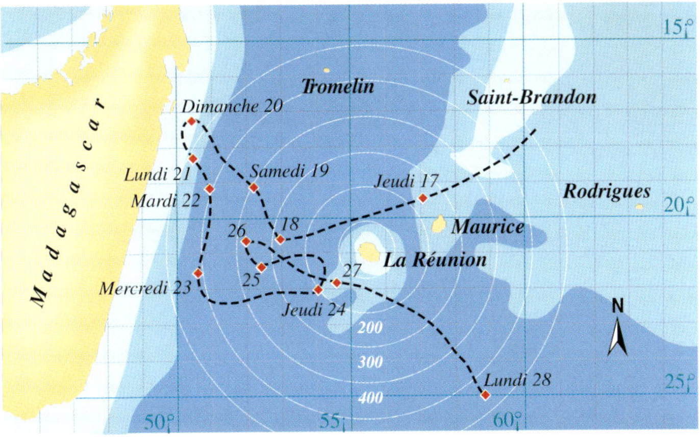

Peut-on prévoir les trajectoires cycloniques ?

Les plus puissants ordinateurs du monde ont été chargés depuis des années de résoudre ce problème, mais le nombre de facteurs est trop grand et aucune prévision fiable n'a été établie jusqu'à présent. La seule prospective est un calcul statistique, basé sur les trajectoires des cyclones précédents : on estime qu'en fonction de sa trajectoire actuelle, un cyclone donné a tant de chances de passer à tel endroit… Cette méthode donne des résultats approximatifs : si on peut estimer avec une marge d'erreur de 100 km le lieu de passage d'un cyclone éloigné de 12 heures, l'incertitude atteint 600 km si le cyclone est à 72 heures !

Les cyclones de l'hémisphère nord

Cet avion a été arraché comme un papillon par le vent et jeté dans les arbres, à Kingston, en Jamaïque, lors du terrible cyclone Hugo qui a ravagé toute la région Caraïbe en 1989.

Dans l'hémisphère nord, les cyclones tropicaux naissent en été. Cependant, le volant thermique des océans est tel que la "saison chaude" se prolonge jusqu'à novembre, voire décembre dans certaines régions.
Évidemment, plus la façade continentale est vaste, au bord des océans où naissent les cyclones, et plus le risque qu'une zone habitée soit atteinte est grand. Les dégâts varient en fonction de la capacité des pays à y faire face : habitat précaire, installation sur des zones inondables sont des facteurs de risque accru. Ainsi, un cyclone qui ne ferait que quelques morts aux Antilles peut-il en causer plusieurs dizaines de milliers s'il frappe le delta du Gange, région inondable.

Dans les zones de basse altitude comme le delta du Gange ou le Bangla-Desh, les dégâts cycloniques ne sont dûs qu'au vent : les raz-de-marée et les inondations consécutives aux pluies sont souvent la principale cause de mortalité.

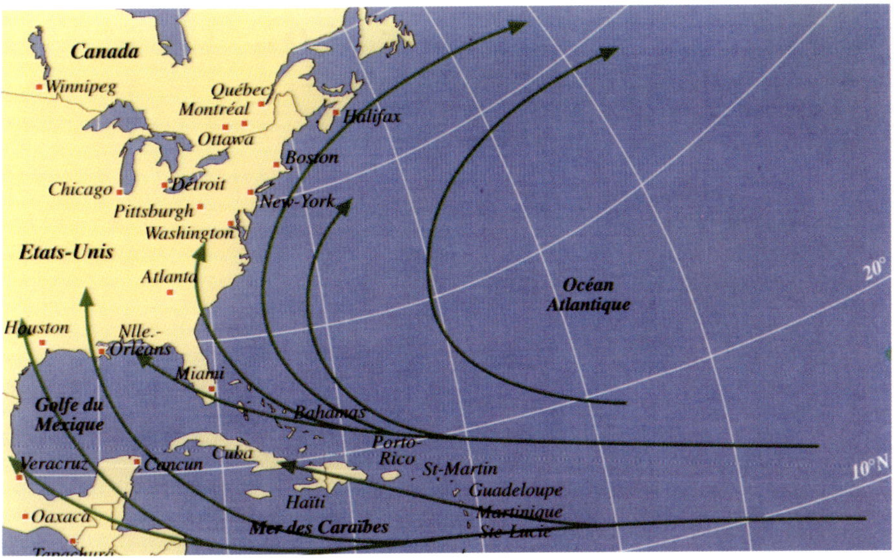

Trajectoires moyennes des cyclones tropicaux dans l'Atlantique nord. Saison : de juin à octobre. Zones affectées : Amérique du Nord (côte est), Amérique Centrale, Caraïbes. Les cyclones perdent leur force au-delà de 30° Nord ; ils ne descendent pas au-dessous de 10° : la zone équatoriale est préservée.

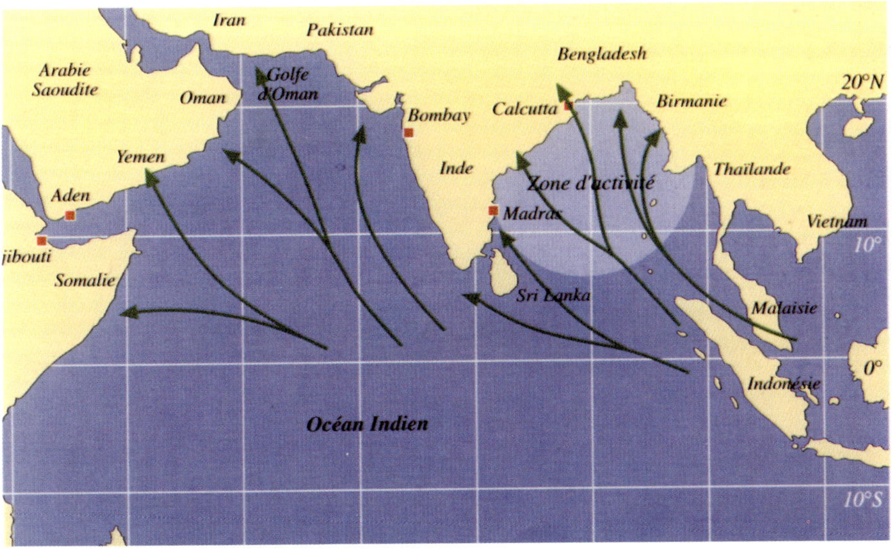

Trajectoires moyennes des cyclones tropicaux dans l'océan Indien nord. Saison : de mai à décembre. Zones affectées : Malaisie, Indonésie, Inde, Pakistan, Sri Lanka. La trajectoire peut aller jusqu'à la péninsule arabique, mais la puissance des cyclones est considérablement atténuée quand ils atteignent ces zones.

Les cyclones de l'hémisphère sud

Ce bateau a été déplacé de 700 mètres pendant le cyclone qui a frappé Tahiti en mars 1906. Les îles du Pacifique, souvent basses, sont particulièrement vulnérables : le vent, les raz-de-marée y exercent leurs ravages sans obstacle.

L'hémisphère sud est autant affecté par les cyclones que l'hémisphère nord, mais à contre-saison. Une vaste zone de la planète est affectée. Elle n'est pas fixe : il arrive que des cyclones affectent des secteurs réputés sains, comme les Tuamotou en 1983. Ces déplacements semblent liés à un réchauffement inhabituel des eaux de l'océan.

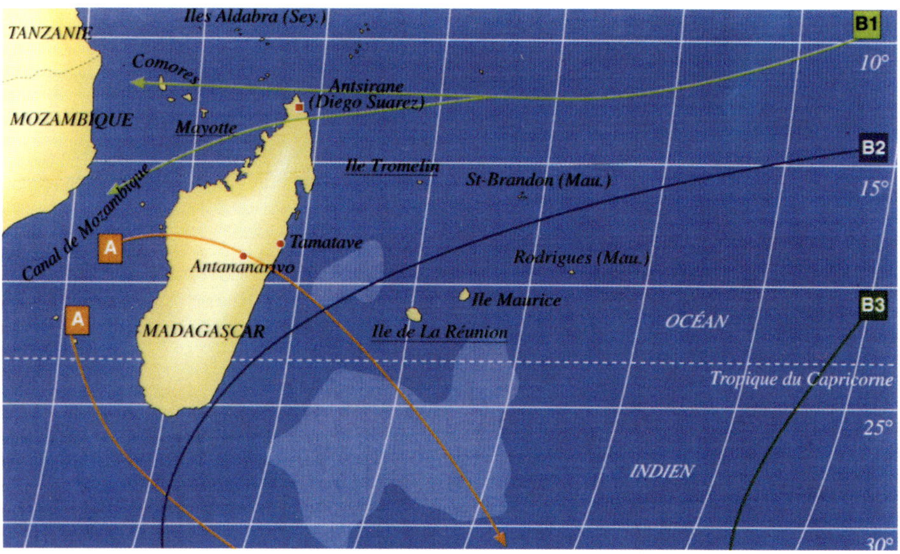

Trajectoires moyennes des cyclones tropicaux dans le sud-ouest de l'océan Indien. Saison : de décembre à avril. Zones affectées : Mascareignes, Madagascar, côte d'Afrique. A : cyclones naissant dans le canal de Mozambique (rares). B1 : Cyclones de début de saison ; B2 : cyclones de pleine saison. B3 : fin de saison.

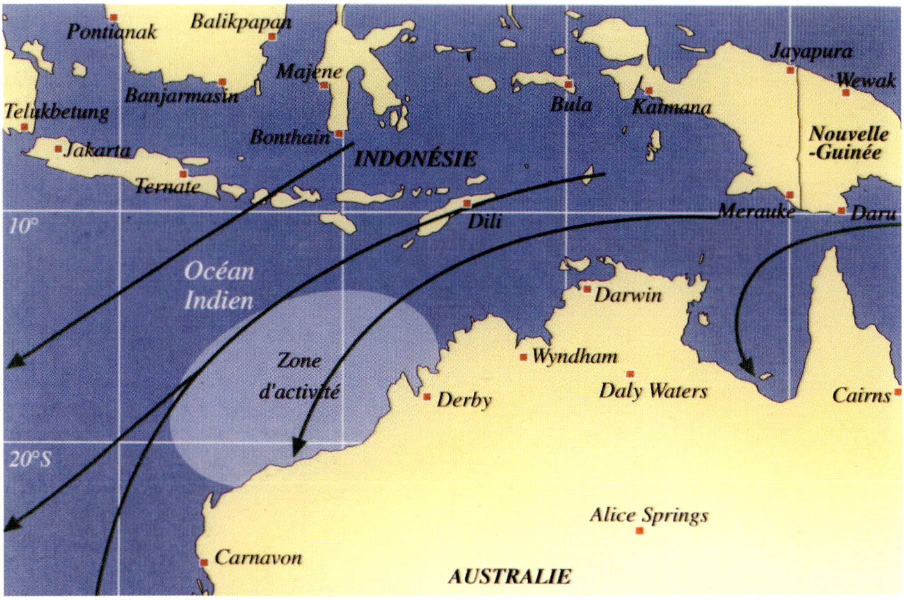

Trajectoires moyennes des cyclones tropicaux dans l'est de l'océan Indien. Saison : de décembre à avril. Zones affectées : sud de l'Indonésie, nord de l'Australie. Les cyclones perdent leur force au-delà de 20° Sud.

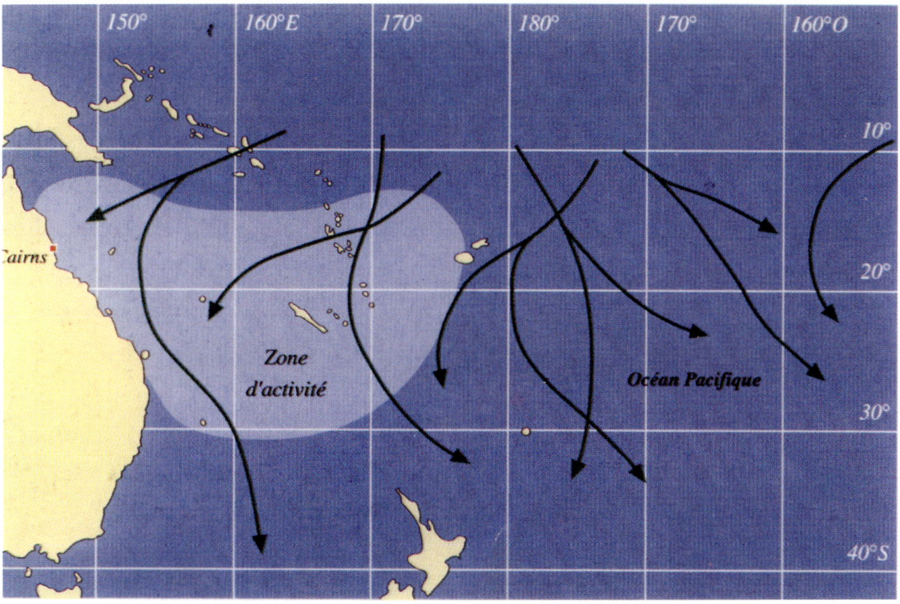

Trajectoires moyennes des cyclones tropicaux dans le Pacifique sud. Saison : de décembre à avril. Zones affectées : Polynésie, Nouvelle-Calédonie, côte est de l'Australie. La Nouvelle-Zélande, au sud, n'est affectée que par la fin de trajectoire : pluies, mais pas de vent violent.

La puissance du vent

Les vents générés par un cyclone peuvent dépasser 300 km/h au centre. À cette vitesse, la pression exercée sur un mur vertical est de neuf tonnes par mètre carrés : seuls les bâtiments solidement construits peuvent résister.

On peut donc faire un premier constat : plus les populations affectées sont pauvres, plus leur habitat est précaire et plus les dégâts matériels et humains seront importants.

En outre, les populations des pays pauvres n'ont souvent pas les moyens d'être informées (une simple radio à piles dépasse les moyens de la plupart des habitants du Bangla-Desh) ni celui de se mettre à l'abri.

Dans des pays plus développés, les habitants de bidonvilles ou de paillotes peuvent se réfugier dans les constructions en dur des environs : écoles, bâtiments publics sont convertis en abris dès que le cyclone menace.

Le relief et la disposition des immeubles dans les villes peuvent provoquer en outre des effets d'accélération du vent dans certaines zones, alors que d'autres seront relativement préservées.

Après le cyclone. L'habitat précaire est particulièrement vulnérable face aux vents violents. Une bonne partie des morts est due à l'effondrement des maisons, aux chutes d'arbres et à la projection d'objets dangereux : une feuille de tôle qui vole à 200 km/h coupe aisément un homme en deux.

Tout le centre de Saint-Denis de La Réunion a été rasé par le cyclone de janvier 1948, hormis une maison et le bâtiment du marché, qui était en "dur" : l'habitat de bois, bien que conçu pour résister au climat tropical, n'a pas résisté aux vents qui ont atteint 300 km/h. Bilan : 165 morts et plusieurs milliers de blessés, pour un phénomène qui n'a duré que quelques heures.

Un abri soufflé par le vent lors du cyclone Firinga à La Réunion (Photo Jean-Yves Kee-Soon).

Les échelles du cyclone

Il y a différentes manières d'échelonner la puissance et les dangers présentés par un cyclone.
La vitesse des vents est le critère le plus aisément mesurable, mais on l'interprète de différentes manières selon qu'on veut déterminer un danger potentiel ou estimer a posteriori les dégâts causés par un ouragan.
En France, on utilise surtout la classification de Météo France, qui détaille moins les différences entre types de cyclones, mais prévoit des catégories inférieures, ce qui permet l'alerte.

Bâtiments effondrés après le passage de Luis.
La qualité de la construction conditionne la résistance aux vents. S'il y a moins de morts pour cause cyclonique de nos jours dans les pays développés, c'est tout simplement parce que l'habitat est plus solide...
(Photo Sécurité Civile).

L'échelle de Météo France

Cette échelle est plus progressive que celle de Saffir-Simpson : elle n'est pas destinée au constat du phénomène, mais à l'établissement d'alertes par les autorités compétentes. Ses indications nuancent donc l'appellation "cyclone" afin que la réaction soit adaptée au danger potentiel.
Zone perturbée : Simple amas nuageux. Danger nul.
Perturbation tropicale : Amas tourbillonnaire. Vents à 52 km/h près du centre. En saison chaude, peut signaler un début de formation cyclonique.
Dépression tropicale : Vents de 52 à 62 km/h. C'est à partir de ce stade que le phénomène reçoit un nom.
Tempête tropicale modérée : Vents de 63 à 88 km/h.
Forte tempête tropicale : Vents de 89 à 117 km/h.
Cyclone tropical : Vents de 118 à 165 km/h.
Cyclone tropical intense : Vents de plus de 212 km/h. Des cyclones d'une telle intensité sont relativement rares : un sur vingt.
Remarque : les rafales peuvent dépasser de 50 % les vents moyens. Ainsi, un cyclone tropical intense aux vents moyens de 250 km/h peut-il engendrer des rafales de 325 km/h !

L'échelle de Saffir-Simpson

Catégorie	Vitesse des vents (km/h)	Marée de tempête (mètres)	Description
1	118 - 133	1,5 - 1,8	Faible
2	134 - 154	1,8 - 2,5	Modéré
3	155 - 182	2,8 - 3,7	Fort
4	183 - 216	3,8 - 5,4	Très fort
5	Plus de 217	Plus de 5,5	Dévastateur

Cette échelle définit la puissance des cyclones en fonction des vents et de la marée de tempête (hauteur supplémentaire atteinte par la surface de l'océan).

Catégorie 1 : Dommages légers à la végétation et aux infrastructures.

Catégorie 2 : Dommages considérables à la végétation ; chutes d'arbres. Dommages aux maisons mobiles, aux enseignes, aux matériaux de couverture des bâtiments. Risque d'inondation sur les côtes. Dommages aux quais et aux marinas. Les petites embarcations peuvent être arrachées à leurs amarres.

Catégorie 3 : Feuillage et branches des arbres arrachés ; chutes de grands arbres. Dommages sérieux aux enseignes, couvertures, portes et fenêtres des constructions. Dommages à la charpente des petites constructions. Maisons mobiles détruites. Graves inondations sur la côte : les terrains plats de 5 pieds d'altitude (1,52 m) ou moins peuvent être submergés jusqu'à 10 km à l'intérieur des terres. Dommages aux structures côtières.

Catégorie 4 : Arbres et arbustes tombés. Toutes les enseignes brisées. Dommages importants aux toitures et aux fenêtres et portes. Défaillance des toitures de nombreuses petites résidences. Destruction complète des maisons mobiles. Les terrains côtiers plats de 3 m ou moins d'altitude risquent l'inondation jusqu'à 10 km à l'intérieur des terres. Dommages importants aux étages inférieurs des structures situées près des rivages, à cause des inondations, des vagues et des débris flottants. Les routes côtières sont inondées de 3 à 5 heures avant l'arrivée du centre de l'ouragan. Grande érosion des plages.

Catégorie 5 : Végétation rasée. Graves dégâts aux toitures, affectant de nombreuses résidences et bâtiments industriels. Explosions de baies vitrées. Rupture complète de certains bâtiments. Petites constructions retournées ou emportées. Dommages importants au premier étage de toutes les structures situées à moins de 4,5 m d'altitude et à moins de 500 m du bord de la mer.

Les effets du vent

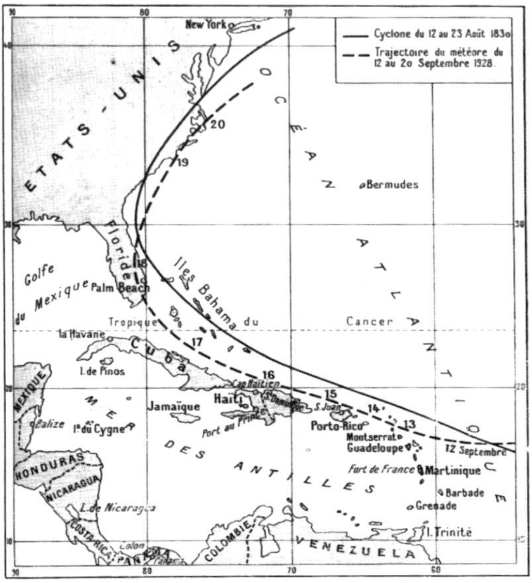

L'effet des vents est lié à deux facteurs : la vitesse des rafales et la résistance des obstacles.

La pression exercée par un vent varie en fonction du carré de la vitesse. Un vent de 200 km/h (cyclonique) exerce donc, sur une surface donnée, une pression quatre fois supérieure à celle d'un vent de 100 km/h (tempête). Si les bâtiments ne sont pas adaptés à ces conditions extrêmes, les dégâts peuvent être considérables : les 8000 morts de septembre 1930 à Saint-Domingue ont surtout été tués par le vent.

Le cyclone du 13 octobre 1928 fait partie des plus meurtriers enregistrés depuis le XVIIIe siècle dans la région caraïbe. Cette photo d'archives montre le centre de Pointe-à-Pitre après le cyclone. Il y a eu plus de 800 morts en Guadeloupe et au total plus de 3300 sur la trajectoire entière du phénomène, qui a longé la Floride et parcouru tout l'arc caraïbe (carte du haut).

L'échelle de Beaufort

Catégorie	Vitesse (km/h)	Qualification	Description
0	0	Calme	La fumée s'élève à la verticale.
1	1 à 5	Très légère brise	La fumée dérive doucement.
2	6 à 11	Légère brise	Bruissement des feuilles.
3	12 à 19	Petite brise	Les drapeaux flottent.
4	20 à 28	Jolie brise	Les branches s'agitent.
5	29 à 38	Bonne brise	Les petits arbres se balancent.
6	39 à 49	Vent frais	Les grosses branches bougent.
7	50 à 61	Grand frais	Les arbres entiers se balancent.
8	62 à 74	Coup de vent	Il devient difficile de marcher contre le vent.
9	75 à 88	Fort coup de vent	Les tuiles s'envolent, les branches se cassent.
10	89 à 104	Tempête	Maisons endommagées, arbres abattus.
11	105 à 117	Violente tempête	Bâtiments sérieusement endommagés.
12	Plus de 118	Ouragan	Dégâts très importants.

On remarque que tous les cyclones font partie de la catégorie 12 de l'échelle de Beaufort : ils sont plus puissants que n'importe quelle tempête qui peut affecter l'Europe.

La rotation des vents

La variation des vents n'est pas la même selon qu'un cyclone passe au nord, au sud ou carrément sur un territoire donné. Les trois schémas ci-contre détaillent tous les scénarios possibles. Ils sont adaptés à une île de l'hémisphère sud (La Réunion). Pour en transposer les conclusions à un territoire de l'hémisphère nord, il suffit d'inverser les résultats, puisque les cyclones tournent dans l'autre sens (un cyclone qui passe droit sur la Martinique donnera donc d'abord des vents du nord puis des vents du sud). La vitesse de déplacement du cyclone peut s'additionner ou se soustraire à celle des vents selon qu'on se trouve ou non sur le "demi-cercle dangereux" du phénomène (Cf. p. 39). Les capitaines de la marine à voile savaient interpréter les vents pour essayer de glisser sur le côté favorable...

Cette magnifique photographie par satellite du cyclone Edwina, qui a menacé les Mascareignes en janvier 1993, montre bien la forme spiralée de la masse nuageuse, dont le relief est souligné par le coucher du soleil sur l'océan Indien.
Au nord de l'œil, on subit des vents qui viennent de l'ouest, au sud, les vents viennent de l'est. Si le cyclone passe sur une île, celle-ci subira donc des vents qui viennent successivement de plusieurs directions. (Photo Météo-France).

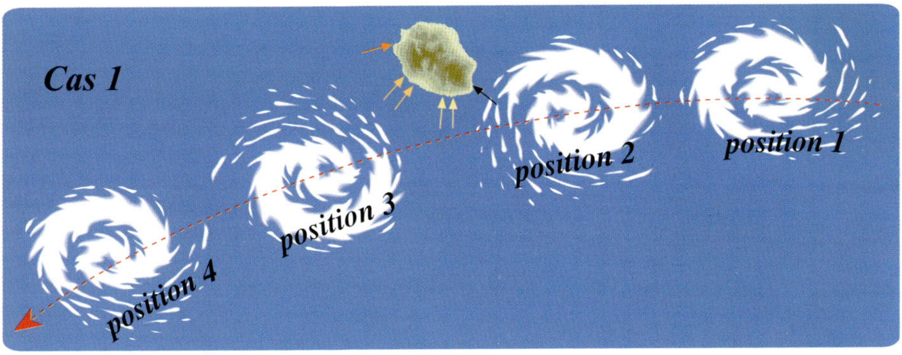

Le cyclone passe au sud. Variation des vents : du SE à l'O. C'est le cas le plus favorable : la vitesse de déplacement du cyclone se soustrait à celle des vents (- 10 à - 25 km/h).

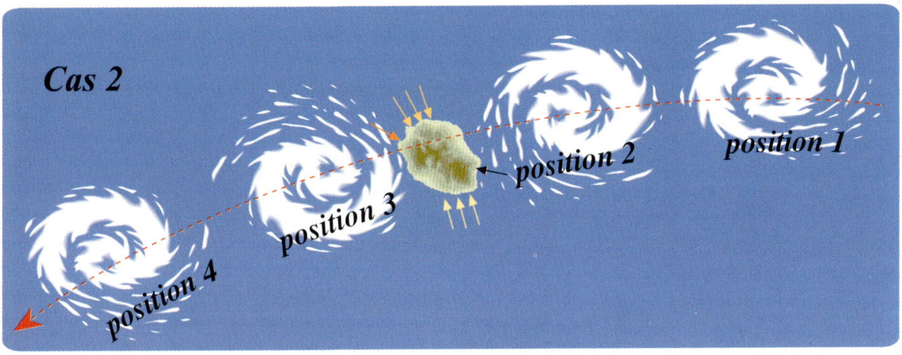

Le cyclone passe en plein sur l'île. variation des vents : du SE au NO. Brutal basculement des vents après le passage de l'œil.

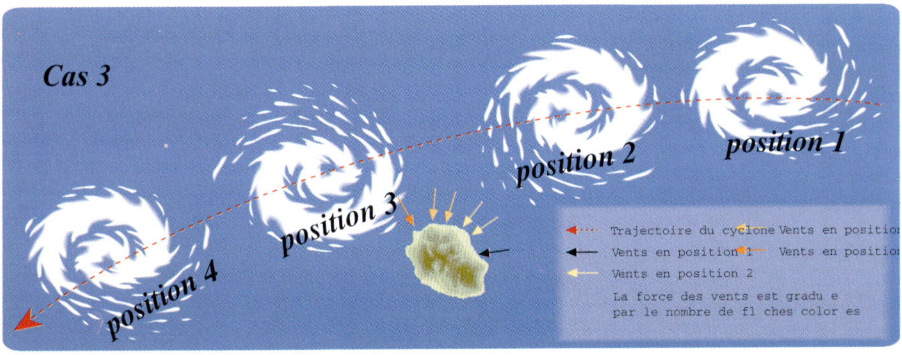

Le cyclone passe au nord. Variation des vents : E à NO. Les deux vitesses s'additionnent (+ 10 à + 25 km/h).

Les effets de la pluie

Un cyclone, ce n'est pas seulement du vent : l'énorme masse de nuages charrie aussi des milliards de tonnes d'eau, qui tombent sur la mer et surtout sur les îles, car les reliefs accentuent les précipitations. Ceci fait que certains cyclones peu intenses peuvent être extrêmement meurtriers : ainsi Hyacinthe, à La Réunion, qui avait des vents modestes mais qui causa 25 morts par glissements de terrain et crues.

Les reliefs accentuent les précipitations. Les pluies peuvent gonfler les cours d'eau de manière monstrueuse.

Quelques records

Tous les records de pluviométrie cyclonique des territoires français appartiennent à La Réunion. Il y a une explication à cela : les hauts reliefs de l'île sont un véritable piège à nuages.

Record de pluviométrie en 12heures : cyclone Denise, janvier 1966 : 1144 mm.
Record en 24 heures : cyclone Denise : 1825 mm.
Record en 48 heures : cyclone d'avril 1958 : 2467 mm.
Record en 72 heures : cyclone Hyacinthe, janvier 1980 : 3240 mm.
Record en 10 jours : cyclone Hyacinthe : 5678 mm.

À titre de comparaison, il tombe environ 600 mm de pluie **par an** sur Paris… Mais que les candidats au tourisme se rassurent : s'il pleut beaucoup quand un cyclone passe, le reste du temps, le ciel est bleu !

Des maisons coupées en deux par les ravines en crue, d'autres envahies par la boue, une voiture broyée contre arbre par les flots : ce sont des images du cyclone Firinga (1989) à La Réunion.
Cette île au fort relief (elle culmine à 3069 m d'altitude pour un diamètre de 60 km) subit des crues catastrophiques quand un cyclone la frappe.
Les dégâts dûs aux eaux sur les infrastructures et l'habitat sont souvent supérieurs à ceux du vent. Et les ravines en crue tuent régulièrement.

Les effets de la mer

On a vu que dans un cyclone, il y avait du vent, énormément de vent, et de l'eau, des trombes d'eau qui n'attendent qu'un peu d'air frais ou une terre pour se déverser.
Mais un cyclone est aussi une onde de choc permanente. Souvenons-nous que la puissance qu'il développe à chaque seconde est égale à celle de plusieurs bombes A.
Alors, imaginons un doigt qui agiterait sans cesse l'eau, en faisant une spirale au centre d'une cuvette : au bout d'un certain temps, cette eau commencerait à faire des vagues, de plus en plus grosses.

La houle cyclonique est due à ce double phénomène : l'agitation de la surface due à l'énergie du cyclone lui-même et la poussée supplémentaire provoquée par les vents.
Les trains d'onde de la houle précèdent de plusieurs heures, parfois de plus d'une journée, le cyclone proprement dit. Hauts, puissants, ils ne présentent pas de danger extrême en mer, mais ils déferlent sur les côtes. Quand le cyclone approche et que le vent ajoute ses effets à ceux de l'onde de choc, l'océan se déchaîne véritablement : lames énormes et déferlantes sont la mort des navires…

Hugo, septembre 1989 : ce violent ouragan a été le premier à être classé 5 sur l'échelle de Saffir-Simpson, avec des vents de plus de 240 km/h (plus de 300 km/h en rafales). La mer déchaînée a détruit de nombreux bateaux, bien qu'on ait doublé leurs amarrages, comme ici dans le port de Pointe-à-Pitre (photo Alain Dominan).

Fort-de-France, cette fois, et 98 ans plus tôt : le cyclone de septembre 1891 a provoqué plusieurs dizaines de morts. Les navires à voile étaient particulièrement vulnérables. Si les marins devinaient l'approche du cyclone suffisamment à l'avance (il n'y avait évidemment pas de service météo pour les avertir), ils essayaient de fuir devant la tempête. Si le cyclone les surprenait en rade, ils affourchaient des ancres à l'avant et à l'arrière du navire, multipliaient les amarres, amenaient toute la voilure et priaient. Cela n'était pas toujours suffisant...

La houle cyclonique déferle violemment sur les côtes. Elle affouille les plages, percute les ouvrage côtiers. Si le littoral est bas, elle peut remonter très loin à l'intérieur des terres, voire les submerger totalement, dans le cas des atolls.

Quelques phénomènes secondaires

Les cyclones, perturbations d'une extrême puissance, sont souvent accompagnés de phénomènes spectaculaires et parfois dangereux.
L'approche du cyclone se signale par une modification des couleurs des couchers de soleil : l'humidité vaporisée dans les hautes couches de l'atmosphère teinte les crépuscules de nuances pourpres caractéristiques.
Dans un genre plus effrayant, la forte baisse de pression atmosphérique engendrée par les plus puissants cyclones peut provoquer des petits tremblements de terre. On dit, à La Réunion, qu'elle est liée à des éruptions volcaniques ; cela n'a pas été prouvé. Le frottement des masses d'air provoque aussi des éclairs.
Enfin, le danger majeur lié à la baisse de pression est le risque "d'explosion" des maisons : la pression à l'intérieur des constructions est en effet supérieure à celle qui règne à l'extérieur et cela peut contribuer à l'arrachement des toits, surtout entre deux rafales. Pour y remédier, laisser une fenêtre ouverte du côté opposé au vent.

Le Piton de la Fournaise, à La Réunion, est un autre mystère : malgré des observations permanentes, on n'est pas parvenu à prédire ses éruptions. Alors, comment empêcher les bonnes gens de croire qu'elles sont liées aux cyclones ? (Photo Daniel Vaxelaire).

La brutale variation des pressions atmosphériques, relevée par un témoin du cyclone de 1928 à la Guadeloupe. Lors du passage de l'œil, la pression était de plus de 10 % inférieure à la normale, contribuant à l'arrachement des toitures.

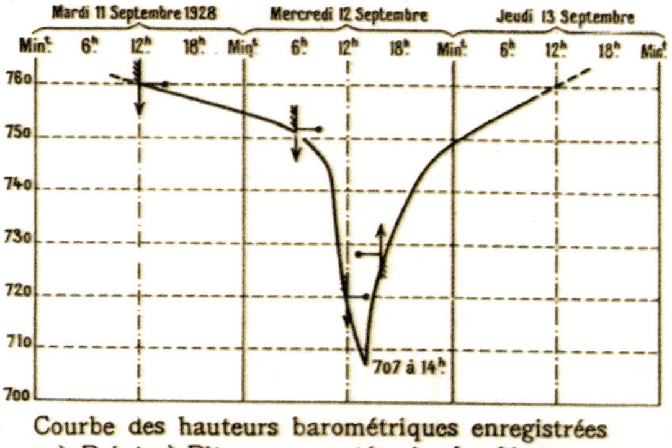

Courbe des hauteurs barométriques enregistrées à Pointe-à-Pitre par un témoin du désastre.

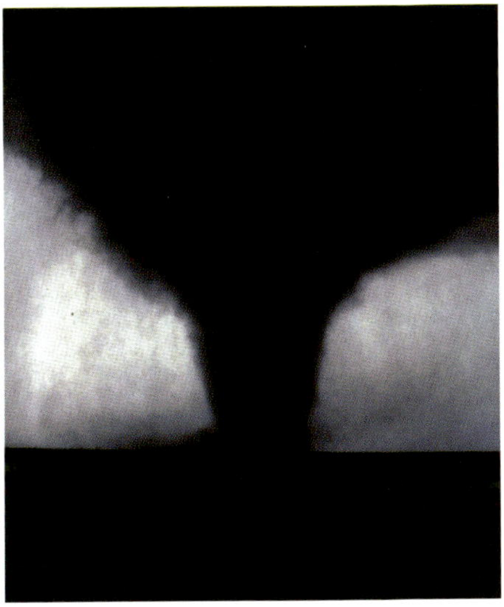

Rien à voir avec une tornade

On a parfois tendance à confondre ces deux phénomènes tourbillonnaires que sont le cyclone et la tornade. Tous deux sont engendrés par le même phénomène : l'ébranlement et la mise et rotation de masses d'air chaud par la force de Coriolis, mais il y a des différences fondamentales.

La source : un cyclone prend naissance sur un océan surchauffé par les rayons de soleil en été, une tornade naît sur un continent ; cependant, il existe parfois une version marine de la tornade qu'on appelle la trombe.

La taille : un cyclone peut dépasser 1000 km de diamètre ; une tornade ne dépasse pas 100 m de diamètre.

La durée : un cyclone est un phénomène colossal, qui se développe pendant des jours (record de durée entre la naissance et la résorption : cyclone John, août-septembre 1994, 31 jours) ; une tornade ne vit que durant quelques minutes (maximum un quart d'heure).

La vitesse de déplacement : un cyclone se déplace relativement lentement sur la mer, rarement à plus de 25 km/h ; une tornade se déplace fréquemment à plus de 50 km/h.

En revanche, il existe des points communs : la baisse spectaculaire de la pression atmosphérique et la vitesse des vents. Il est même fréquent que les vents à l'intérieur d'une tornade dépassent ceux d'un cyclone (plus de 400 km/h). Les dégâts d'une tornade sont donc catastrophiques, mais ils affectent une zone beaucoup plus étroite qu'un cyclone.

Les tornades les plus fréquentes affectent les États-Unis et l'Australie. Le record absolu : la “tornade des trois états”, en mars 1925 : en un peu plus de trois heures, elle a parcouru 330 km, du Missouri à l'Indiana, tuant 739 personnes, causant 11 000 sans-abri et des centaines de millions de dollars de dégâts.

Les trombes marines sont beaucoup moins dangereuses : le vent n'y dépasse pas 120 km/h.

Quelques statistiques

Il est toujours difficile de mettre les phénomènes naturels en statistiques : chaque cyclone est un événement neuf, dont on ne peut deviner la puissance. On ne peut donc tirer qu'une seule conclusion des chiffres qui suivent : les cyclones sont extrêmement dangereux.
Et il semblerait qu'ils deviennent plus fréquents...

La zone la plus affectée, de loin, est l'océan Pacifique, qui ne compte quasiment jamais de saison sans une vingtaine de cyclones, alors que la moyenne est d'une dizaine dans l'Atlantique et d'une quinzaine dans l'océan Indien (voir tableau ci-contre). Ces différences sont liées à la surface d'eau qu'offrent ces océans dans la zone inter-tropicale.

La poste de Papeete avant et après le terrible cyclone de mars 1906.
Les cyclones sont considérablement plus nombreux dans le Pacifique que sur les autres océans.
Logique : la surface captant les rayons solaires aux saisons chaudes est considérablement plus grande.
Heureusement, l'océan est vaste et beaucoup de ces météores passent loin des zones habitées.
(Coll. privée).

Nombre de cas de cyclones sur vingt ans par saison et par région et nombre moyen annuel

Régions du globe	Janvier Mars	Avril Juin	Juillet Sept.	Octobre Déc.	Total s/20 ans	Nombre moy/an
Atlantiq. Nord, Caraïbes	0	11	169	54	234	12
Est Pacifique	0	38	154	36	228	11
Nord-Ouest Pacifique	29	81	234	249	593	30
Nord océan Indien	6	66	116	99	287	14
Sud océan Indien	171	24	0	79	274	14
Nord et ouest Australie	117	15	0	12	144	7
Sud Pacifique	126	46	0	41	213	11
Nombre pour 20 ans	**449**	**281**	**673**	**570**	**1973**	**99**
% par saison	**23%**	**14%**	**34%**	**29%**		**100%**

Source : Le risque cyclonique, 1990, Jean-Paul Morel.
Secrétariat d'État chargé de l'environnement et des risques majeurs.

Activité comparée des zones cycloniques de 1968 à 1990. A lui seul, l'océan Pacifique représente près de 65% de l'activité totale (vent>118km/h).

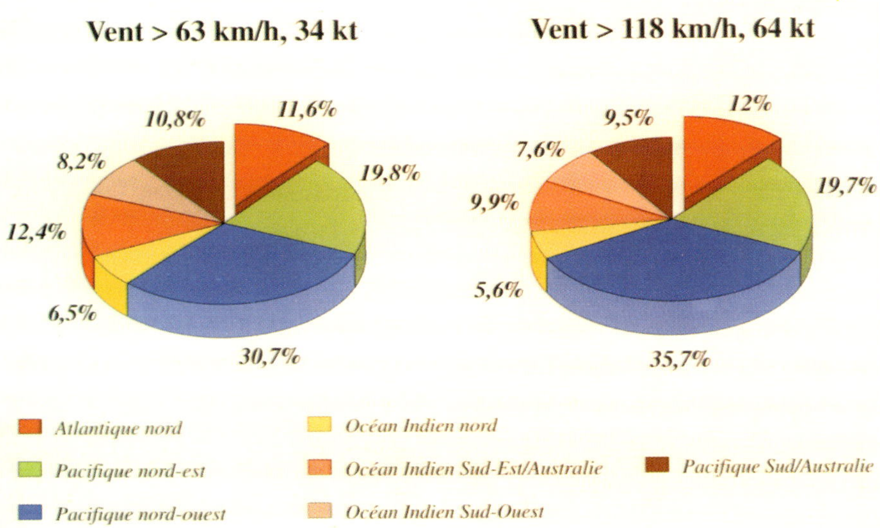

Quelques records

Les chiffres ci-dessous le rappellent : les cyclones sont des événements climatiques extrêmes : longs, surpuissants (vents pouvant dépasser 300 km/h, marées monstrueuses, précipitations torrentielles). Rien d'étonnant par conséquent à ce qu'ils soient le cataclysme statistiquement le plus meurtrier : en moyenne 20 000 morts par an…

Le plus étendu : Tip (Pacifique nord-ouest), octobre 1999 : 1100 km de rayon.
Les plus longs : John (Pacifique), août-septembre 1994 : 31 jours ; Ginger (Atlantique), 1971 : 28 jours.
Les plus "creux" : Tip : 870 hectopascals (la pression normale est de 1013 hPa) ; Gilbert (Atlantique), 1988, 888 hPa.
L'intensification la plus rapide : Forrest (Atlantique) : passage de 976 à 876 hPa en 24 heures (passage des vents de 100 à 220 km/h dans la même durée).
La plus forte marée de tempête : Bathurst Bay (Australie), 1899 : 15 mètres.
Les plus fortes pluies : Denise (Réunion), 1966 : 1144 mm en 12 h, 1825 mm en 24 h ; 1958 (Réunion) : 2467 mm en 48 h ; Hyacinthe (Réunion), 1980 : 3240 mm en 72 h, 5678 mm en 10 jours.
Le plus meurtrier : Bangla Desh, 1970 : 250 000 à 300 000 victimes (les cyclones tuent en moyenne 20 000 personnes par an).

Mitch a été un des cyclones les plus meurtriers du siècle : 10 000 morts au Honduras et au Nicaragua. Source : NOAA.

Sur cette impressionnante image, on voit quatre cyclones simultanés sur l'Atlantique nord. Les images rapprochées, comme celles de la page de gauche, sont généralement prises par des satellites en orbite polaire basse, qui défilent sur la planète et prennent des photos à intervalles rapprochés (toutes les heures, par exemple), ce qui permet de voir le déplacement des cyclones. Celle-ci est prise par un satellite géostationnaire qui reste immobile à 36 000 km au-dessus de l'équateur. (NOAA).

Six noms pour un seul phénomène

Le mot **cyclone** a été créé par les Anglais en 1860 à partir du mot grec *kuklos* qui veut dire "cercle" : à cette époque, en effet, on avait déduit des observations terrestres effectuées par les stations météorologiques et les marins que la forme de ces phénomènes était circulaire. L'appellation "cyclone" est utilisée dans le Pacifique et l'océan Indien.

En Extrême-Orient et en Inde, on utilise plutôt le terme **typhon**. Ce mot a une histoire extraordinaire. En effet, il vient lui aussi du grec (*tuphon* signifie "grand vent), mais il a voyagé tellement loin sur la planète qu'il a été emprunté par les Chinois, qui en ont fait *t'aifung* et qu'il semblerait que Marco Polo l'ait réimporté en Europe, bien qu'on en trouve la trace dans l'ancien français ! Un typhon itinérant, en quelque sorte...

Dans le nord de l'Atlantique et le nord-ouest du Pacifique, on utilise le mot **ouragan**. Il a exactement la même origine que son équivalent anglais **hurricane** : un terme des Indiens Caraïbes, qui étaient bien placés pour connaître ce genre de phénomène...

Enfin, les Australiens emploient le terme de **willy-willy**, dont on ne sait pas l'origine et les Philippins celui de **baguio.**

L'utilité des cyclones

Les cyclones sont un fléau naturel extrêmement meurtrier, mais ils ont aussi une utilité incontestable pour la nature et pour les hommes.

L'équilibre thermique de la planète : en brassant des quantités colossales d'air, les cyclones participent fortement au refroidissement des régions chaudes et au réchauffement des régions froides, ils influent sur les courants marins et, on le soupçonne, sur la vie et la reproduction des poissons.

Le chargement des nappes phréatiques : certaines régions de la planète ne reçoivent quasiment pas de pluie en dehors des précipitations cycloniques ; sans cyclones, elles seraient des déserts ; aux Antilles, dans les Mascareignes, l'eau cyclonique assure selon les années de 25 à 75 % des besoins en eau ; un exemple : Hyacinthe, en 1980, a fait remonter les nappes phréatiques de La Réunion de 3 à 15 mètres !

Un "nettoyage naturel" : si beaucoup de légendes invérifiables accompagnent la genèse des cyclones (voir ci-contre), il est une vérité : après une saison cyclonique active, il y a beaucoup moins de parasites dans la nature (mouches, moustiques, cancrelats, rats, etc.).

Les cyclones se chargent en outre d'un élagage naturel qui, hormis grande catastrophe, permet une repousse vigoureuse des arbres.

La saison cyclonique est aussi celle des pluies : le cataclysme venu du ciel sert aussi à donner de l'eau à la nature et aux hommes...

Légendes et vérités

Dans tous les pays de la ceinture tropicale, de nombreuses légendes s'attachent à la formation et aux effets des cyclones : des phénomènes d'une telle puissance ne pouvaient que frapper l'imagination des hommes.
Toutes les causes divines possibles et imaginables ont donc été avancées. Il est intéressant de constater qu'elles resurgissent sous une autre forme, maintenant qu'on attribue à une sorte de vengeance de la planète Terre l'augmentation annoncée de la puissance et de la fréquence des cyclones.
Plus pragmatiques - ou se voulant telles - sont les déductions que les peuples tirent de l'observation des phénomènes naturels. Dans beaucoup d'endroits, on établit des corrélations entre la production de certains fruits, le comportement des animaux et la possible fréquence des cyclones au cours de la saison à venir. Les mangues mûrissent plus vite ? C'est signe de cyclones ! Les fourmis se mettent à entrer dans les maisons ? Signe de cyclone aussi !
Curieusement, ces pronostics interviennent surtout en début de saison, quand il y a une "attente" des cyclones à venir, qui vont briser la monotonie de l'été permanent qu'offre le climat tropical. Et les oiseaux de mauvais augure sont évidemment les plus écoutés. La fiabilité de leurs prédictions ne résiste hélas pas à l'examen à posteriori : s'il suffisait d'un manguier et d'une fourmilière pour prédire l'intensité des saisons cycloniques, les météorologues feraient de belles économies d'ordinateurs ! De même, toutes les théories savantes du XIXe siècle, qui essayaient de lier les cyclones aux mouvements de la lune, sont intéressantes pour le folklore, mais scientifiquement inefficaces.

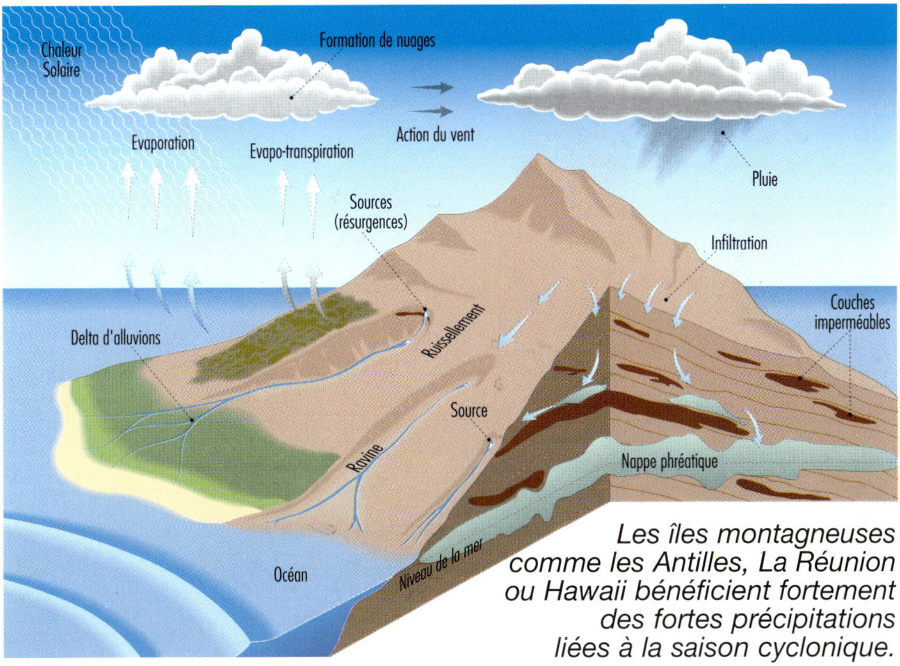

Les îles montagneuses comme les Antilles, La Réunion ou Hawaii bénéficient fortement des fortes précipitations liées à la saison cyclonique.

Des cyclones et des hommes

Récits de voyageurs, romans, reportages, témoignages de rescapés, sites sur Internet : depuis l'aube des temps, le cyclone a fasciné les hommes, et ne cesse de le faire.

Toutes ses manifestations sont spectaculaire et effrayantes.

Petit tour d'horizon sur un phénomène réellement surhumain…

Le naufrage du Saint-Géran : un des cyclones les plus célèbres de l'histoire de la littérature française. Pourtant, Bernardin de Saint-Pierre a menti : le Saint-Géran n'a pas coulé dans un cyclone mais au cours d'une nuit d'août, en plein hiver austral donc, par un temps de demoiselle. En fait, ce n'est pas la nature en furie qui a détruit le navire et noyé la quasi-totalité de ses passagers, belles jeunes filles comprises, mais une lamentable erreur de navigation…

La destruction du monde

Les premiers voyageurs européens dans les régions tropicales ont rapporté avec admiration et horreur l'apocalypse cyclonique. Voici ce qu'en dit Dutertre, dans son *Histoire générale des Antilles de l'Amérique*, 1667 :

"Les ouragans sont de très horribles et très violentes tempêtes, qu'on pourrait nommer de vraies images de la destruction du monde.

"On voit la mer devenir tout-à-coup calme et nue comme une glace, puis l'air s'obscurcit, se remplit de nuages épais, après quoi il s'enflamme et s'entrouvre de tous côtés par d'effroyables éclairs et de si étranges coups de tonnerre qu'il semble que le ciel tombe par pièces et que le monde veuille prendre fin.

"La terre tremble en plusieurs endroits et le vent souffle avec tant d'impétuosité qu'il déracine les plus grands arbres, abat presque toutes les maisons, arrache les vivres et contraint les hommes de se tenir à des souches d'arbres afin de se garantir d'être emportés par les vents...

"Cette bourrasque passée, on voit les forêts renversées et les maisons abattues par la violence des vents. On voit grand nombre de vaisseaux fracassés contre les écueils, tous les pauvres matelots noyés, les uns roulant dans les ondes, les autres à moitié enfouis dans le sable de la rive..."

Une trombe marine, dessinée par un voyageur au XVIIIe siècle. On l'a vu (p. 45), ces phénomènes sont infiniment moins dangereux qu'un cyclone. (Le Gentil, Voyage dans les mers de l'Inde, 1781).
Page de gauche : perdus dans la forêt après le cyclone…

Côté Antilles…

Les cyclones du passé n'étaient pas spécialement plus puissants et nombreux que ceux d'aujourd'hui, mais les constructions qui leur faisaient face étaient de bois : les dégâts étaient donc beaucoup plus considérables.
Quelques témoignages concernant les Antilles :
"Pendant vingt-quatre heures qu'il dura, le vent renversa les maisons, les arbres, les cannes et les maniocs, tua un grand nombre de bestiaux. Le gouverneur pensa être accablé d'une maison (écrasé sous une maison) *qui se renversa sur quelques-uns de ses officiers…"*
Le cyclone de 1666, par Dutertre.
"La Martinique ressemble à un vaste cimetière où les morts se promènent avec des figures livides et des bouches affamées".
Le cyclone d'août 1891, abbé Renard..
"Dès le lundi, l'apparence d'un ouragan me faisait craindre que le comble de l'église ne fût emporté… J'avais à tout hasard retiré le très saint sacrement du tabernacle et je l'avais serré le plus décemment qu'il m'avait été possible dans une grande armoire que j'avais couverte avec un tapis…
"Le fort du vent commença sur les deux heures de l'après-midi par le sud, il vint au sud-ouest, puis à l'ouest, il sauta au nord sur les sept heures…
"C'était une chose pitoyable de voir les arbres abattus, les cannes et les maniocs arrachés, les maisons découvertes, les chemins rompus.
"Cette grande et longue rue qu'on appelait la Galère fut tellement ruinée qu'on ne pouvait pas reconnaître les lieux où il y avait eu des maisons…"
Le cyclone de 1695, Jean-Baptiste Labat.

Un écrivain dans la tourmente

Le naufrage du *Saint-Géran* est sans conteste la scène de cyclone la plus connue de la littérature française : on compte des centaines d'éditions de *Paul et Virginie*. Pourtant, il s'agit d'une mise en scène : en effet, s'il a vécu une tempête (ci-dessous) et plusieurs cyclones à l'Ile de France et à La Réunion, Bernardin de Saint-Pierre a triché avec le calendrier, puisque le *Saint-Géran* a coulé en août, hiver austral. Mais la description est si belle qu'on peut lui pardonner !

Le cyclone tel qu'il l'a vécu...

En juin 1768, se rendant à l'Ile de France (Maurice) subit non pas un cyclone, mais une violente tempête au passage du cap de Bonne-Espérance :
"Le 23 juin, à minuit et demi, un coup de mer affreux enfonça quatre fenêtres des cinq de la grande chambre, quoique leurs volets fussent fermés par des croix de Saint-André. Le vaisseau fit un mouvement de l'arrière, comme s'il s'acculait. Au bruit, j'ouvris ma chambre qui dans l'instant fut pleine d'eau et de meubles qui flottaient. L'eau sortait par la porte de la grande chambre comme par l'écluse d'un moulin ; il en était entré plus de trente barriques.
"Comme le roulis m'empêchait de dormir, je m'étais jeté sur mon lit en bottes et en robe de chambre. Je vis un éclair par un faux jour de mon sabord et j'entendis le bruit du tonnerre. Il pouvait être trois heures et demie (du matin)*...*
"Comme je sentais une forte odeur de soufre, je montai sur le pont où j'éprouvai d'abord un froid très vif. Il y régnait un grand silence et la nuit était si obscure que je ne pus rien distinguer. Cependant, ayant entrevu quelqu'un près de moi, je lui demandai ce qu'il y avait de nouveau. On me répondit : " On vient de porter l'officier de quart dans sa chambre. Il est évanoui ainsi que le premier pilote. Le tonnerre a tombé sur le vaisseau et notre grand mât est brisé ".
Le lendemain, le navire est engagé par une lame énorme et manque chavirer :
" *Dans ce moment de péril, le capitaine cria aux timoniers d'arriver* (d'orienter le navire plus près du vent)*, mais le vaisseau sans mouvement ne sentait plus la barre. Il ordonna aux matelots de carguer la misaine, que le vent emportait par lambeaux. Ces malheureux, effrayés, se réfugièrent sous le gaillard d'arrière. J'en vis pleurer un, d'autres se jetèrent à genoux en priant Dieu. Je m'avançai sur le passavant de bâbord en me cramponnant aux manœuvres ; un jacobin, aumônier du vaisseau, et le sieur Sir André, passager, me suivirent. Plusieurs gens de l'équipage nous imitèrent et nous vînmes à bout de carguer cette voile dont plus de la moitié était emportée..."*

Le naufrage, la mort de Virginie : la fin émouvante de la pudique héroïne de Bernardin de Saint-Pierre a été dessinée d'innombrables fois, depuis la parution du roman en 1788. (Coll. privée).

... Et tel qu'il l'a raconté

Dans *Paul et Virginie*, l'imagination de l'auteur se donne libre cours pour mettre en scène un navire, le *Saint-Géran* dans une tempête plus vraie que nature :

"Le Saint-Géran parut alors à découvert, avec son pont chargé de monde, ses vergues et ses mâts de hune amenés sur le tillac, son pavillon en berne, quatre câbles sur son avant et un de retenue sur son arrière. Il était mouillé entre l'île d'Ambre et la terre, en deçà de la ceinture de récifs qui entoure l'Île de France, et qu'il avait franchie par un endroit où jamais vaisseau n'avait passé avant lui. Il présentait son avant aux flots qui venaient de la pleine mer, et à chaque lame d'eau qui s'engageait dans le canal, sa proue se soulevait tout entière, de sorte qu'on en voyait la carène en l'air ; mais dans ce mouvement, sa poupe venait à plonger, disparaissait à la vue jusqu'au couronnement, comme si elle eût été submergée...

" La mer, soulevée par le vent, grossissait à chaque instant et tout le canal compris entre cette île et l'île d'Ambre n'était qu'une vaste nappe d'écumes blanches, creusée de vagues noires et profondes. Ces écumes s'amassaient dans le fond des anses, à plus de six pieds de hauteur, et le vent qui en balayait la surface, les portait par-dessus l'escarpement du rivage à plus d'une demi-lieue dans les terres. À leurs flocons blancs et innombrables, qui étaient chassés horizontalement jusqu'au pied des montagnes, on eût dit une neige qui sortait de la mer.

"L'horizon offrait tous les signes d'une longue tempête ; la mer y paraissait confondue avec le ciel. Il s'en détachait sans cesse des nuages d'une forme horrible, qui traversaient le zénith avec la vitesse des oiseaux, tandis que d'autres y paraissaient immobiles comme de grands rochers...

" Dans les balancements du vaisseau, ce qu'on craignait arriva. Les câbles de son avant rompirent ; et comme il n'était plus retenu que par une seule aussière, il fut jeté sur les rochers à une demi-encablure du rivage... "

Bourbon, le vent et l'eau

La Réunion est doublement sensible aux cyclones : elle est bien sûr exposée aux vents, qui peuvent ici être fortement accélérés par le relief (en revanche, la côte sous le vent du moment est préservée) ; mais elle souffre également des pluies torrentielles, qui peuvent entraîner des érosions catastrophiques.
Un des cas historiques les plus spectaculaires de ce phénomène est la succession "d'avalasses" qui eurent lieu en 1806 et 1807. Le café était alors la principale culture de l'île Bourbon, et on avait défriché, pour en cultiver plus, une grande partie des basses terres de la côte ouest. Des milliers d'esclaves étaient au service de cette culture d'exportation et la fièvre du café était telle que tous les terrains disponibles, même les plus pentus, avaient été mis en culture.
Il y avait déjà eu deux cyclones en février et mars 1806 mais c'étaient des "cyclones de vent", qui avaient surtout affecté les bâtisses et la navires. Ceux de décembre 1806 et janvier 1807 furent d'un autre genre : ils apportèrent des trombes d'eau qui lessivèrent les pentes imprudemment défrichées. La catastrophe fut telle que certaines régions se trouvèrent désertifiées pour deux siècles (bas de Saint-Leu) et que, dans l'immédiat, une grande partie de la population fut réduite à la famine, obligée de manger des racines et des fruits cuits. Pire : ce double cyclone signait la mort du café Bourbon...

La misère d'une famille, dessin de Grimaud, XIXe siècle (Archives de La Réunion).
L'habitat précaire est particulièrement vulnérable et les familles pauvres paient, comme partout, le plus lourd tribut aux catastrophes naturelles, d'autant qu'après le cyclone, les eaux polluées sont sources de nombreuses maladies... (Archives de La Réunion).

Coup de vent devant Saint-Denis au XIXe siècle. Les navires, sans abri naturel, sont en très mauvaise posture… (Archives de La Réunion).

Côté Réunion…

Quelques témoignages concernant La Réunion (île Bourbon) :
"Le vent du nord jusqu'au nord-est, étant devenu assez violent, fit considérablement grossir la mer et empêcha, dit-on, la Vénus et l'Oiseau d'appareiller. Le bateau l'Oiseau fut sur les dix heures jeté à la côte où il est resté entier. On en a sauvé l'équipage, à la réserve d'un seul homme qui s'est noyé.
La Vénus tint encore jusqu'à deux heures après-midi, ayant auparavant coupé tous ses mâts pour se soulager et enfin vint aussi s'échouer… Il y avait vingt-neuf hommes à bord, dont il y a eu huit de noyés ou écrasés…"
Le cyclone de décembre 1733, rapport du Conseil de Bourbon.
"Le premier coup de vent se fit sentir le 20 février vers 7 heures du matin, comme un coup de foudre. Sept vaisseaux qui étaient dans la rade de St-Denis eurent à peine le temps d'appareiller, mais les vents d'ouest sautèrent avec une telle fureur au nord qu'ils obligèrent tous les vaisseaux à se jeter au plein, à l'exception de la Joséphine et de la Fanny. Du premier, sur treize hommes blancs qui étaient à bord, deux seulement se sont sauvés sur le cabestan du navire. Du second, sur vingt-deux hommes tant noirs que blancs, treize se sont sauvés sur un des mâts du navire, huit Noirs et un Blanc se sont noyés…"
Le cyclone de février 1806, rapport officiel.
"À Saint-Paul, plusieurs noirs ont péri sous les bâtiments qui ont été renversés. les toits de plusieurs purgeries dans lesquelles il y avait encore beaucoup de sucre ont été enlevés, des chevaux, des mulets, des bœufs de charroi ont été écrasés sous les débris de leurs écuries. "
Le cyclone de 1829, rapport officiel. 259 marins périrent noyés.

Désastre à Marie-Galante

Le cyclone du 6 septembre 1865 a été un des plus violents du XIXe siècle. Il a surtout frappé l'île voisine de Marie-Galante où il a fait plus de 80 morts et 300 blessés en quelques heures. les dégâts, considérables, valurent à cette colonie perdue les honneurs de la presse nationale. Les journalistes déplorèrent surtout le manque de moyens sanitaires : faute de médecins et d'hôpitaux, beaucoup de blessés moururent dans les semaines suivantes, de diverses infections. Il faut savoir qu'au lendemain d'un cyclone, le ciel redevient très vite bleu et que la chaleur est d'autant plus pénible pour des malades que l'air est humide.

OURAGAN DE LA GUADELOUPE : MARIE-GALANTE, USINE DE M. RETZ, APRÈS LE COUP DE VENT.

Quelques images de la catastrophe, dans la presse de l'époque.
Les nouvelles ne circulaient pas aussi vite qu'aujourd'hui, mais les journaux disposaient d'illustrateurs de grand talent, qui rendaient les ambiances mieux que beaucoup de photographes.
Extraits du journal L'Illustration.

Tremblement de terre et feu du ciel

Les témoignages attestant de tremblements de terre et de violents coups de tonnerre sont fréquents. Compte-rendu du cyclone de 1865 à Marie-Galante par un témoin, G. Cuzent :

"À quatre heures, un formidable raz-de-marée éclata, balayant de ses vagues monstrueuses la Caye-Mayeux, au nord de la rade du Grand-Bourg...

"Vers six heures, l'ouragan se développa avec une rapidité incroyable... La terre trembla violemment à deux reprises, laissant à chaque fois échapper des traînées de feu. Des météores parcouraient l'espace, des éclairs plongeaient tout à-coup l'île, de la plus vive des lumières dans l'obscurité la plus complète.

"Des trombes passaient, emportant les toitures, déplaçant ou renversant les maisons, qu'elles enlevaient comme une flèche, les abandonnant au milieu des savanes. Des débris de toutes sortes volaient dans les rues, des cases s'effondraient, écrasant des personnes.

"La maison Montout-Espaignet fut arrachée du bâtis qui la supportait et jetée sur le sol, de telle sorte que le plancher du premier étage porte maintenant contre terre. La caserne a subi de grands dégâts, l'église est debout, mais gravement endommagée. On compte plus de 120 maisons ou cases détruites...

"La partie sud-est de la rue de la Marine est un amas de poutres, de toits fracassés, de maisons penchées ou démolies... Le 10 septembre, le chiffre des morts était de 38, celui des blessés de 185. À Saint-Louis, on comptait 15 morts et 125 blessés, enfin à la Capesterre, 2 morts et plusieurs blessés.

"À la Campagne, Mme René Beauplan a été écrasée. Frappée par une poutre au milieu de ses cinq enfants tous blessés, à côté de son mari blessé aussi et impuissant à la secourir, elle a disparu sous les décombres..."

Martinique : terre, air et feu

Un an plus tôt, en juillet 1890, Fort-de-France avait été ravagé par un gigantesque incendie qui avait anéanti les trois quarts de la ville (Photo du haut).
C'est dire si l'île n'avait pas besoin d'autres cataclysmes. pourtant, la sinistre série ne faisait que commencer : en septembre 1891, un cyclone d'une extrême violence balaie l'île et onze ans plus tard, le 8 mai 1902, la Montagne Pelée explosait et anéantissait Saint-Pierre et les bourgs voisins, faisant plus de vingt mille morts...

D'abord l'incendie, puis le cyclone et enfin le volcan : les trois épines de la Martinique. (Photos l'Illustration).

L'ouragan sur le Morne Rouge

"La tourmente a commencé le 18 août vers sept heures et demie du soir, par un vent violent soufflant du nord-est. Parti de la pointe, l'ouragan s'est abattu avec rage sur le Morne Rouge et de là sur Saint-Pierre, et est allé se perdre dans le sud, semant partout la dévastation et la mort.

"Tous les navires en rade de Fort-de-France ont été jetés à la côte. Cette malheureuse ville qui, pour se préserver du feu, avait eu recours au fer pour ses constructions, a vu ces poutrelles de fer tordues comme des fétus de paille.

"C'est que tous les éléments étaient déchaînés à la fois : l'électricité, le vent, l'eau et la terre elle-même : il y a eu en effet plusieurs secousses de tremblement de terre.

"Les campagnes sont saccagées, les rues des villes jonchées des débris de leurs maisons. Et que sont les pertes matérielles auprès des parents et des amis dont nous avons dû déplorer la mort !"

Cyclone de 1891, lettre d'un survivant.

Coups de vent

Les cyclones obéissent à une étrange loterie : après les cyclones de 1863 et 1881, La Réunion avait joui d'une paix relative. Mais voici qu'elle est frappée deux fois coup sur coup, en 1903 et 1904. Le second phénomène est le plus violent : le vent, la mer et les pluies se combinent pour détruire des villages entiers et des navires. En 1913, c'est pire : cinq cyclones affectent l'île, dont deux qui se rejoignent sur elle le 4 mars ! Des crues colossales emportent de nombreux ponts routiers et -ferroviaires, des quartiers entiers. On estime la pluviométrie à 3 m en dix jours.

Bateaux jets à la côte devant Saint-Pierre (cyclone de 1904).

Pompe à vapeur asséchant une propriété de Saint-Paul après le cyclone de 1913 (coll. privée).

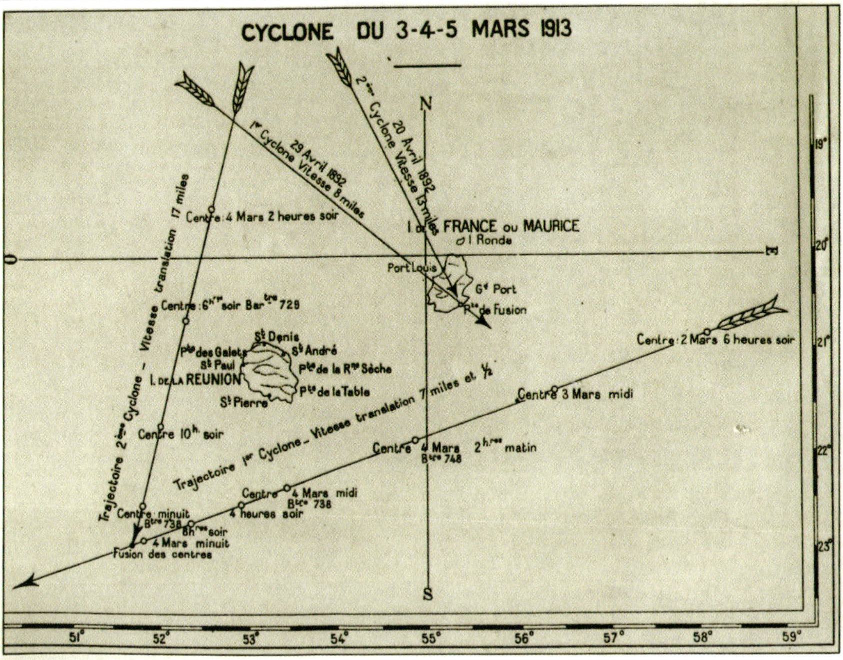

L'explication : il n'y avait pas de photo satellite en 1913, mais les observations de vents faites à Maurice et à La Réunion semblent mettre en évidence ce phénomène rare : il y avait deux cyclones, qui se sont fondus en un seul au sud-ouest de La Réunion. La même configuration avait apparemment déjà frappé Maurice en 1892, faisant 1200 morts. (Schéma de J. Bertho, 1913).

Rivière en crue : "un spectacle dantesque"

"Les eaux de la rivière Saint-Denis, brisant leur fragile digue, se précipitèrent dans les rues, minant et emportant graduellement la chaussée et les habitations.

"Une crue subite, comme il ne s'en était jamais produit de mémoire d'homme, enleva les premiers appartements de l'habitation Magloire, qui comprenait une scierie mécanique, une fabrique de fibre d'aloès et une petite usine électrique.

"Dès lors, l'affolement devint général. Les cris et les sanglots des enfants et des mères qu'on réussit à grand peine à arracher à leurs demeures, le va et vient des sauveteurs improvisés, mais non désintéressés, les beuglements et les gémissements des animaux qui, sentant le danger, implorent à leur façon les gens qui les regardent, le bruit sinistre des pans de maisons et des murailles qui s'effondrent sous la poussées des eaux, le choc des meubles qu'on envoie inconsciemment d'un premier étage et qui se brisent sur la chaussée, tout cela constituait une scène qui demanderait la plume de Dante pour être bien décrite…"

Cyclone de 1913, reportage dans *La Patrie Créole*.

Huit cents morts en Guadeloupe

Le cyclone d'octobre 1928 a successivement frappé la Floride, Cuba, Haïti, Porto-Rico et la Guadeloupe. Il a été d'une extrême violence, avec des vents dépassant 250 km/h et a causé plus de 3 000 morts, dont plus de 800 rien qu'en Guadeloupe.

Il s'agit d'un cyclone relativement classique, tant par sa trajectoire (une parabole presque parfaite effleurant la Floride et plongeant vers les Caraïbes) que par sa vitesse de déplacement (entre 10 et 18 km/h, selon les phases). La date, de même, correspond à une fin de saison chaude où ces phénomènes sont encore fréquents.

Les dégâts ont deux causes : le vent, qui a arraché de nombreux arbres, décoiffé des maisons, qui en a même basculé certaines d'une pièce dans la rue, ou les a fait rouler comme des cubes de carton sur des dizaines de mètres. Et la mer, qui a atteint une hauteur exceptionnelle et a tout ravagé sur le rivage : bateaux, maisons de pêcheurs, entrepôts, équipement portuaires ont été sérieusement touchés sur tout le passage du cyclone. On a retrouvé des remorqueurs à l'intérieur des terres et tous les bas quartiers de Pointe-à-Pitre, dont la lagune s'était prodigieusement gonflée, ont été anéantis.

Les effets du cyclone sur un quartier de Pointe-à-Pitre :

"La maison se soulevait"

"Ce n'était qu'un vacarme épouvantable de tôles et de planches emportées et défonçant les maisons, de murs s'écroulant ; la mer envahissait la ville par les quais, éventrant les docks et les magasins.
"La maison où je m'étais réfugié commençait à être démolie à son tour. Sa toiture arrachée pièce à pièce, le plafond de l'étage supérieur s'effondrant sur les planchers... Tout était ruisselant d'eau et le vent atteignit une force prodigieuse. Enfin, vers 14 heures, survint l'accalmie, qui ne dura que dix minutes environ. Aussitôt le vent, qui soufflait précédemment du sud, passa au nord et reprit de plus belle sa rage folle. Jusqu'à quatre heures, ce ne fut qu'un tourbillon d'enfer. À plus d'une reprise, la maison frémit et nous la sentîmes se soulever. Elle resta cependant sur sa base...
"À sept heures, le vent étant calmé, nous nous hasardâmes dehors. Quel spectacle ! Les maisons culbutées, éventrées, les rues encombrées de débris de toutes sortes, les arbres réduits à leurs troncs, le pays devenu méconnaissable. Toute une terre dévastée, roussie, sur laquelle les premiers secours commencèrent de s'organiser péniblement..."
Cyclone de 1928, rapport d'un survivant, Gilbert de Chambertrand.

le raz-de-marée s'est combiné au vent pour tout détruire.

Le cyclone de 1948 : 300 km/h !

Deux cyclones de vent majeurs ont frappé La Réunion au XXe siècle : les cyclones de 1932 et de 1948 dominent largement, par leur puissance et les pertes causées, tous les autres phénomènes du siècle.
Le cyclone de 1932 a frappé une région très localisée de la côte nord-ouest le 4 février 1932.
Celui de 1948 a atteint toute l'île, avec une puissance phénoménale : des vents de plus de 300 km/h ont anéanti de nombreux bâtiments, rasé les récoltes et surtout causé 165 morts.
Un cataclysme dont La Réunion, qui sortait du long et pénible blocus dû à la guerre, se serait bien passée. Il fallut ravitailler l'île d'urgence par avion.

Les familles pauvres ont payé un lourd tribut au cyclone de 1932. (Archives de La Réunion).

Le vent était tellement puissant qu'il a renversé ces wagons de chemin de fer ! (Archives de La Réunion).

Le vieux pont-débarcadère de Saint-Denis a été définitivement détruit par une houle monstrueuse. (Archives de La Réunion).

Dehors, à huit ans, en petite culotte...

"La bonne a eu peur, elle voulait retourner à la grande maison. Elle a ouvert la porte. Nous nous sommes retrouvés dehors. J'ai très vite été séparée des autres. Poussée par le vent, j'ai traversé la route et je me suis accroupie derrière un talus...

"Tout autour de moi, je voyais les maisons s'écrouler, comme des châteaux de cartes. À la fin, il ne restait plus que la nôtre...

"Il pleuvait des cordes et la pluie chassée à l'horizontale était mêlée de terre, de feuilles, de gravier. Cela faisait mal comme des aiguilles...

"Soudain, j'ai eu une idée bizarre : il pleuvait tellement que j'ai eu peur d'être emportée jusqu'à la rivière. Alors, pour mieux nager si le besoin s'en faisait sentir, je me suis déshabillée, j'ai mis ma robe à côté de moi et j'ai passé tout le temps du cyclone accroupie dans le vent en petite culotte !

"Quand cela a été fini, j'étais toute "pluchée" d'un côté, comme une écrevisse..."

Le cyclone de 1932, témoignage d'une survivante, Suzanne Verguin.

"Le centre du météore s'est acharné sur nous. Pendant deux heures, nous avons vécu des instants atroces. Par deux fois, dans la nuit noire, je fus emporté par la tempête et transporté au loin. J'ai été relevé avec de nombreuses contusions...

"Dans la nuit, j'ai entendu une violente détonation. C'était une décharge électrique qui fut suivie d'une secousses sismique... À ce moment précis, ma nouvelle église en construction fut ébranlée, perdit six grandes fenêtres de 16 m de hauteur, très solidement construites et la façade de l'église fut également renversée. Des blocs de plus de 1000 kilos gisent sur le sol. En même temps s'écroulait notre hôpital, ensevelissant trois religieuses infirmières ; une quatrième a été grièvement blessée. Le diable est vraiment fort !"

Cyclone de 1948, rapport du père Raimbault, directeur de la léproserie de Saint-Bernard, à La Montagne.

Le déluge Hyacinthe

Hyacinthe (18 au 27 janvier 1980) restera un des souvenirs cycloniques les plus traumatisants à La Réunion. En effet, on n'a pas affaire à un "cyclone de vent" comme en 1932 et 1948, mais à un cyclone de pluie, chargé de précipitations monstrueuses. Il pleut véritablement à seaux, les ravines gonflent, débordent, coupent les routes, arrachent les ponts... Le pire est que le cyclone s'incruste dans la région : lent, peu puissant, il voit sa trajectoire déviée par d'autres perturbations, part vers Madagascar, revient chargé de nouvelles pluies... Il passera trois fois à proximité de l'île ! Dix jours de déluge ininterrompu, qui provoqueront des glissements de terrain, première cause de mortalité. Hyacinthe laissera vingt-cinq morts derrière elle et des dégâts durables. Par comparaison, Firinga (janvier 1989, photo en bas à droite) est un "petit" cyclone...

En temps normal, le canal des Patates-à-Durand est aussi profond que large. Mais les colossales crues de la ravine (à sec durant toute l'année) l'ont vite rempli d'énormes roches. Résultat : le flot a débordé, envahissant les quartiers voisins, ravinant les routes, détruisant des maisons... (Quotidien de La Réunion).

Dans le cirque de Cilaos, c'est tout un pan de montagne qui s'est effondré, avec la route… (Quotidien de La Réunion).

Scène d'après-guerre à l'aéroclub de Saint-Pierre, après Firinga : hangars soufflés, avions retournés… (Télé 7 Jours Réunion).

Hugo, le cyclone du siècle

Le cyclone Hugo, avec des vents de 241 km/h, a été le premier à être classé dans la catégorie 5 de l'échelle de Saffir-Simpson dans les Antilles. Il a fait peu de morts (11 en Guadeloupe), mais il a surtout révélé l'état d'indigence, d'abandon et de pauvreté dans lequel se trouvait ce département français d'outre-mer.

Hugo était né au début du mois de septembre au large des îles du Cap-Vert, de l'autre côté de l'océan Atlantique. Il mit deux semaines à traverser les 4 000 kilomètres d'océan, se renforçant de masses énormes d'air chaud et humide. Quand il approcha de la Guadeloupe, les vents près de son centre dépassaient les 300 km/h.

Les dégâts furent dûs à la fois au vent, à la houle et à la pluie. Les précipitations, en particulier, ont été torrentielles : il est tombé en 25 heures l'équivalent de 50 ans de pluie à l'Anse Bertrand Campêche ! La houle chassa des bateaux jusque sur les parkings à Pointe-à-Pitre et le vent fit des ravages dans les bidonvilles, les bananeraies et les champs de canne. La production de sucre tomba de 800 000 à 300 000 tonnes et le tourisme reçut un coup terrible.

Surtout, le cyclone Hugo révéla au monde stupéfait l'extrême misère de certaines populations, mal logées, sans travail : un enfer dans un décor de paradis…

Un navire échoué dans le port de Pointe-à-Pitre : lendemain de cataclysme après le passage de Hugo. (Photo Alain Dominan).

Le Quartier dominicain après Hugo : le cyclone a ravagé le bidonville, révélant au monde stupéfait le triste état de l'habitat guadeloupéen, alors qu'en fond les modernes et solides tours Frébeau s'élèvent, imperturbables... (Photo Alain Dominan).

Des bateaux sur un parking : tel est le spectacle inhabituel que la population découvre au matin du 17 septembre 1989. Mais le vrai choc était dans les champs de canne, ravagés à 60 %... (Photo Alain Dominan).

Wasa sur les atolls

Wasa s'est acharné sur la Polynésie française entre le 5 et le 15 décembre 1991, en tout début de saison chaude, donc.
Cette précocité ne l'a pas empêché de se montrer extrêmement destructeur.
Les vents dépassèrent 200 km/h, mais ce fut surtout la mer qui fit des dégâts : les vagues atteignaient des creux de 15 à 20 mètres au large et déferlèrent de toute leur puissance sur les rivages des îles.
Les Iles sous le Vent furent les plus durement touchées : plus de 3 000 personnes sans abri, des atolls totalement coupés du monde...
Dans les Iles de la Société, une jeune femme et son enfant de 7 mois furent emportés par un torrent de boue, la mer pénétra à plus de 100 m à l'intérieur des terres à Tubai et le niveau de l'eau atteignit 1,20 m par endroits, inondant de nombreuses maisons.
À Bora-Bora, le faré de Paul-Émile Victor fut entièrement détruit, les milliers de volumes de sa bibliothèque scientifique perdus à jamais et son épouse Colette faillit disparaître dans les flots.
Au total, 80 000 personnes furent sinistrées.

Mercredi 11 décembre 1991 No 9938

Les Nouvelles de Tahiti

TE MAU PARAU API NO TAHITI

100 F

Place Notre-Dame Tél. 43.44.45. Fax 42.18.00

TAHITI NEWS

Toitures enlevées, arbres décoiffés, passes impraticables (celle de Papeete sur notre photo couleur), la Polynésie retrouve avec anxiété le temps des cyclones.

Tribunal
Trois ans ferme pour Alphonse Dexter
P. 2

Grève du port
Les armateurs réclament 500 000 f par jour
P. 3

Transports en commun
Protocole d'accord signé avec les G.I.E
P. 14

SPORTS
Volley-ball
Demi-finales juniors
P. 20 - 21
Foot jeunes
Les jeunes et la coupe
P. 22 - 23

Wasa — P. 5 à 12

Bora Bora meurtrie

Le cyclone menace les Australes après avoir saccagé les I.S.L.V.

... et commis aussi des dégâts à Tahiti

Pas d'école aujourd'hui

Trois blessés à Tupai ... et un couple sauvé sur l'îlot Martin

Trafic coupé sur la côte Est de Tahiti

Le nono

On vit une période particulièrement agitée.
Des vents contraires ont commencé par secouer l'Assemblée territoriale qui n'en finit plus de ne pas se réunir. Du coup, les feuilles budgétaires, sans être mortes, semblent être disséminées aux quatre coins des commissions.
Dans le port aussi ça bouge terriblement si bien que l'on commence à se demander si la perturbation ne va pas se transformer en grosse dépression. Il a fallu doubler les amarres des bateaux désormais immobilisés à quai en attendant ...

Tout recommencer à zéro

"Trente ans de travail, minute après minute, de Colette et de moi, voilà ce qui a été balayé en trois jours...
"Pendant le cyclone, on se serait cru à Beyrouth ou à Dubrovnik !
"Mais ce n'est pas la première fois de ma vie que je dois tout recommencer à zéro..."
Paul-Émile Victor.

Spectacle de désolation à Maupiti. (Photo Nouvelles de Tahiti).

Une mission gouvernementale prend la mesure des dégâts causés par Wasa aux Iles sous le Vent. (Photo Nouvelles de Tahiti).

Esaü, le cyclone fou

La trajectoire d'Esaü a été comparée à celle d'un homme titubant après une soirée bien arrosée. L'ennui est qu'elle a fait bien des dégâts...
La pré-alerte avait été lancée pour les îles Loyauté et la province nord le dimanche 28 février 1992 : Esaü était à 700 km, se rapprochant à 18 km/h. On l'attend sur Ouvéa dans la soirée.
En fait, il s'infléchit légèrement, évite les îles Loyauté et frappe la côte nord-est de la Nouvelle-Calédonie à hauteur de Poindimié.
Il traverse alors la Grande Terre, mais il est détourné par les montagnes et ressort au niveau de Bourail, affaibli.
Il se renforce cependant en retrouvant les eaux chaudes de l'océan et pique sur la Nouvelle-Zélande où il provoquera de nombreux dégâts.
Il n'a causé qu'une seule victime, mais le petit Jacques Waïma, de Lifou, dix ans, l'a échappée belle : il était parti de chez lui sans souci pour aller chasser la roussette. Puisque le cyclone devait passer bien plus au nord, il pensait ne rien risquer ! On sait à quel point le ciel peut être calme à quelques centaines de kilomètres seulement du cataclysme...
L'infléchissement de la trajectoire provoqua des vents très violents sur Lifou et Jacques fut porté disparu. On le retrouva au bout de 72 heures dans une grotte où il s'était réfugié quand *"les vents avaient commencé à souffler très fort"*. Il souffrait d'un début de déshydratation ; en trois jours, il n'avait mangé qu'une papaye !

Un matelas qui sèche sur un lit disloqué, de la vaisselle éparpillée, trois murs et pour seul toit le ciel : c'est tout ce qui reste d'une habitation au nord de Poindimié. (Photo Les Nouvelles Calédoniennes).

La puissance des crues a fragilisé le réseau routier et isolé de nombreux villages pendant plusieurs jours.
(Photo Les Nouvelles Calédoniennes).

Luis : panique à Saint-Martin

Spectacle inhabituel : un cargo garé devant un cocotier… (Photo Sécurité Civile).

L'année 1995 fut celle de tous les cyclones dans la zone Caraïbes : l'activité cyclonique fut supérieure de 30 % à celle d'une année normale. Luis, douzième tempête de la saison, frappa Saint-Martin et Saint-Barthélémy les 5 et 6 septembre, en plein milieu de saison. Il était classé 4 sur l'échelle de Saffir-Simpson et ses vents atteignaient 248 km/h. Il déplaçait avec lui un cercle de mauvais temps de 600 km de diamètre. Seuls deux cyclones avaient atteint ce degré de violence dans les Antilles françaises au XXe siècle : le grand cyclone de 1928 (p. 66) et Hugo en 1989 (p. 72). Le nombre de morts a été très inférieur à celui de ces cataclysmes, grâce à l'amélioration de l'habitat (9 morts, 2 000 sans abris), mais les dégâts à la nature et aux équipements furent considérables. Une semaine plus tard, Marilyn achevait en Guadeloupe l'œuvre entamée par Luis.

Les zones qui bordent la côte, directement exposées au vent et aux raz-de-marée, sont les plus touchées. Ici, la plage d'Orient Bay après le passage de Luis… (Photo Sécurité Civile).

Un sillage de désolation sur les hauteurs de Marigot.
(Photo Sécurité Civile).

Dina, le terrible test

Le réchauffement de la planète y est-il pour quelque chose ? À La Réunion, en tout cas, on pense depuis quelques années que les cyclones qui passent au large sont de plus en plus puissants et destructeurs. Fort heureusement, l'île est petite et la plupart de ces météores passent au large…

Ce ne sera pas le cas le 22 janvier 2002, où le cyclone tropical très intense Dina (un des plus violents de ces dernières années) effleure la côte nord-ouest de La Réunion.

La puissance du cyclone est telle que les vents, au centre, dépassent les 300 km/h. La trajectoire passera à une cinquantaine de kilomètres au large de l'île, lui épargnant les vents les plus violents. Mais les rafales ont été extrêmement fortes, parfois accentuées par les effets de relief : par exemple, si on estime

Photos Jean-Yves Kee-Soon

Au Port, les vents ont été extrêmement violents, pendant plusieurs heures. Des bateaux de plaisance ont été coulés en pleine darse et, sur les quais en baie de la Possession, des conteneurs ont été poussés comme des boîtes à chaussures, avant de s'écraser sur les voitures neuves qui étaient rangées sur les parkings.

En plein paroxysme, le mardi 22 janvier dans l'après-midi, dans une des avenues de la ville du Port…

que le vent a rarement dépassé 200 km/h sur Saint-Denis ville, il a atteint 300 km/h en divers endroits de la Montagne, à quelques kilomètres à vol d'oiseau. Le radôme de Météo-France, conçu pour résister à des vents de 300 km/h, s'est envolé ! Des dizaines de toits l'avaient précédé, ainsi que bon nombre de baies vitrées : dans la profession du bâtiment, certains ont qualifié Dina de "cyclone Veritas", car il a servi de test pour beaucoup de constructions nouvelles…

Toits arrachés, ouvertures défoncées, infiltrations d'eau et inondations : La Réunion a souffert. Malgré la brutalité du phénomène, on n'a cependant déploré aucun décès : c'est que, même s'il prend l'eau parfois, le bâti du 2002 est tout de même globalement plus résistant que celui de 1948. Les réseaux, en revanche, ont terriblement souffert : des dizaines de milliers de personnes sont restées des jours sans électricité, sans téléphone ou sans eau…

Une fois de plus, la zone inondable de l'Ermitage a bien mérité son nom : des dizaines de maisons se sont transformées en piscines. Quelques chiffres : 64 collèges touchés (sur 73 !), près de 300 toits arrachés ou gravement endommagés, des forêts couchées, plusieurs dizaines de millions d'euros de dégâts divers…

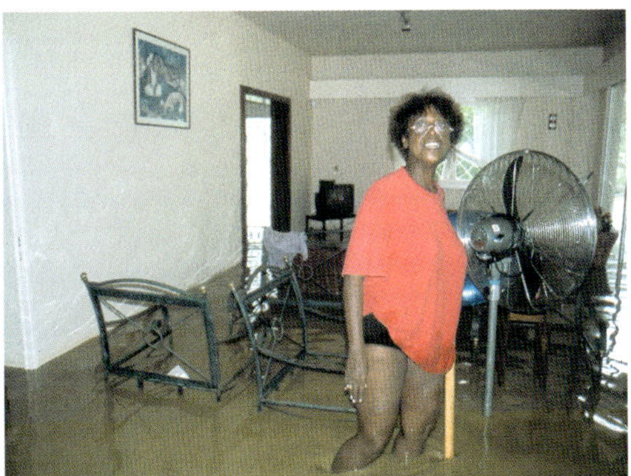

Fléaux sous surveillance

L'homme ne peut pas empêcher les cyclones de se produire (il serait même, hélas, en train d'augmenter leur fréquence, par son excessive production de gaz à effet de serre...).

Il ne peut pas non plus les détourner.

En revanche, il peut les observer de loin et de haut : les satellites ont révolutionné, depuis une trentaine d'années, la protection contre les dangers cycloniques, en permettant d'avertir les populations suffisamment à l'avance.

En revanche, malgré des efforts colossaux à l'échelle de toute la planète, personne n'est encore parvenu à prévoir, ni la naissance d'un cyclone, ni le chemin qu'il va emprunter

Les dégâts des eaux sont parfois plus importants que ceux dûs aux vents : de nos jours, dans les pays développés, les bâtiments sont plus solides et résistants. Mais le revers de la médaille est qu'on a beaucoup bétonné et bitumé : les eaux s'infiltrent moins vite dans le sol et ont tendance à ruisseler, transformant de paisibles vallons en torrents de boue extrêmement dangereux. (Photo Sécurité Civile).

Un vieux rêve de l'humanité

Pendant de nombreux siècles, les hommes ont subi les cyclones. Ils ne pouvaient déterminer leur approche qu'à des signes imprécis : rougeur des couchers de soleil, calme inhabituel, affolement des animaux, houle. Mais ces indices étaient parfois trompeurs : on peut avoir de la houle sans que le cyclone passe, et un cyclone peut vous tomber dessus sans signe avertisseur.

Au XIXe siècle, époque scientifique, de nombreux savants et amateurs (capitaines, simples curieux) se penchèrent sur cette question vitale : est-il possible de prévoir les cyclones ? Certains répondirent que oui et produisirent, comme Jean Bertho, chef du Service des ports et rades de La Réunion, des théories plus ou moins fumeuses, en rapport avec les phases de la lune et autres phénomènes. Hélas, si le hasard leur apporta parfois un semblant de preuve, la méthode n'était pas fiable. En revanche, les conseils des navigateurs sur la manière d'éviter un cyclone en mer ou, du moins, de rester dans le "demi-cercle maniable" sauvèrent de nombreuses vies humaines. Mais ce n'était là qu'une réponse partielle : on n'était toujours pas en mesure de prévoir...

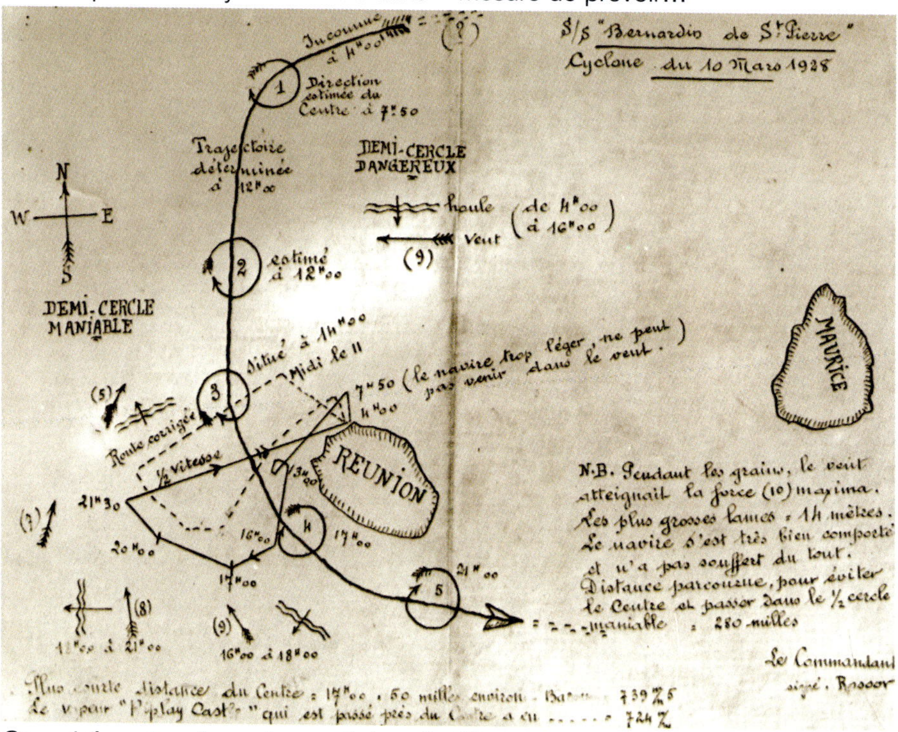

Ce schéma tracé par le capitaine du "Bernardin de Saint-Pierre" montre comment il a échappé au cyclone de 1925 : il a fui en adoptant une trajectoire perpendiculaire aux vents, suivant les conseils de son prédécesseur Bridet (ci-contre). Le navire n'a rien subi, malgré des lames de 14 mètres... (Archives de La Réunion).

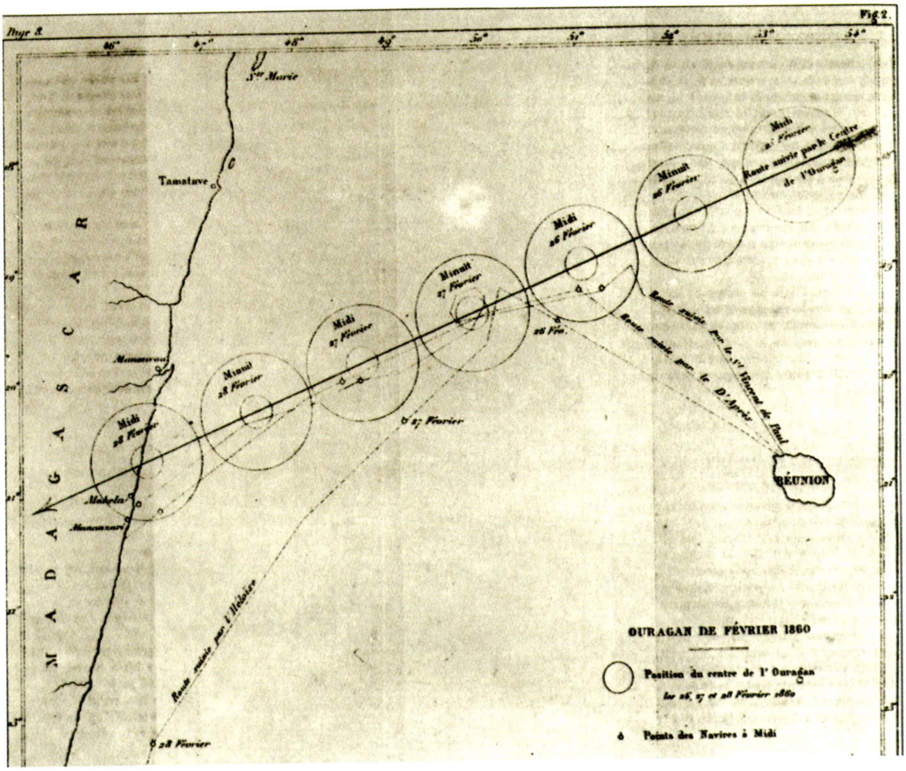

Parmi les nombreuses études sur les cyclones publiées au XIXe siècle, ces travaux du capitaine Bridet analysent avec minutie le phénomène du "demi-cercle maniable" (voir p. 38). La carte ci-dessus montre en particulier comment deux navires ayant fui La Réunion lors du cyclone de 1860 se sont perdus sur les côtes de Madagascar, alors qu'un troisième s'en était tiré : les deux bateaux malchanceux avaient tout simplement suivi une trajectoire parallèle à celle du cyclone. "Il faut partir avec un vent de côté et non fuir avec la brise dans le dos", déduit Bridet. (Archives de La Réunion).

Messieurs les Capitaines de navires et les personnes désireuses d'étudier la théorie du cyclone, trouveront à l'Imprimerie du journal *LA MALLE*

L'ÉTUDE SUR LES OURAGANS
DE L'HÉMISPHÈRE AUSTRAL,

PAR

M. H. BRIDET, CAPITAINE DE PORT.

PRIX : 7 FRANCS 50.

L'approche de l'hivernage et les accidents atmosphériques qui accompagnent, d'ordinaire, cette saison, permettront, une fois de plus, d'apprécier la haute utilité de cet ouvrage.

A VENDRE. | AVIS.

Les débuts de la prévision

La télégraphie, puis la télégraphie sans fil et la radio ont fait considérablement progresser les alertes cycloniques.

En effet, même si on ne voit pas un cyclone, on peut déterminer grosso modo sa position, si l'on dispose de plusieurs points d'où observer les vents et la pression atmosphérique. On peut même, en faisant des observations répétées, déterminer le déplacement du phénomène avec une assez bonne approximation.

Avant même qu'il existe un service météorologique national, les îles se sont organisé leurs propres réseaux d'alerte. Ce n'était pas une mesure suffisante (plus d'un cyclone est arrivé par surprise et, pour que la population soit avertie en temps utile, il fallait qu'elle ait la radio), mais c'était un début. L'apparition des radars dans les années soixante-dix a amélioré le suivi des trajectoires, mais un radar ne porte qu'à 400 km : le cyclone est déjà bien près quand on le voit sur l'écran !

Dans les années soixante-dix, les services météorologiques commencent à recevoir les premières photos de la Terre par satellite. On voit ici deux cyclones sur l'océan Indien. (Météo France).

Malgré les transmissions radio, le cyclone Jenny prit La Réunion totalement par surprise en 1962 : 37 morts et 150 blessés en moins de deux heures… (Coll. privée).

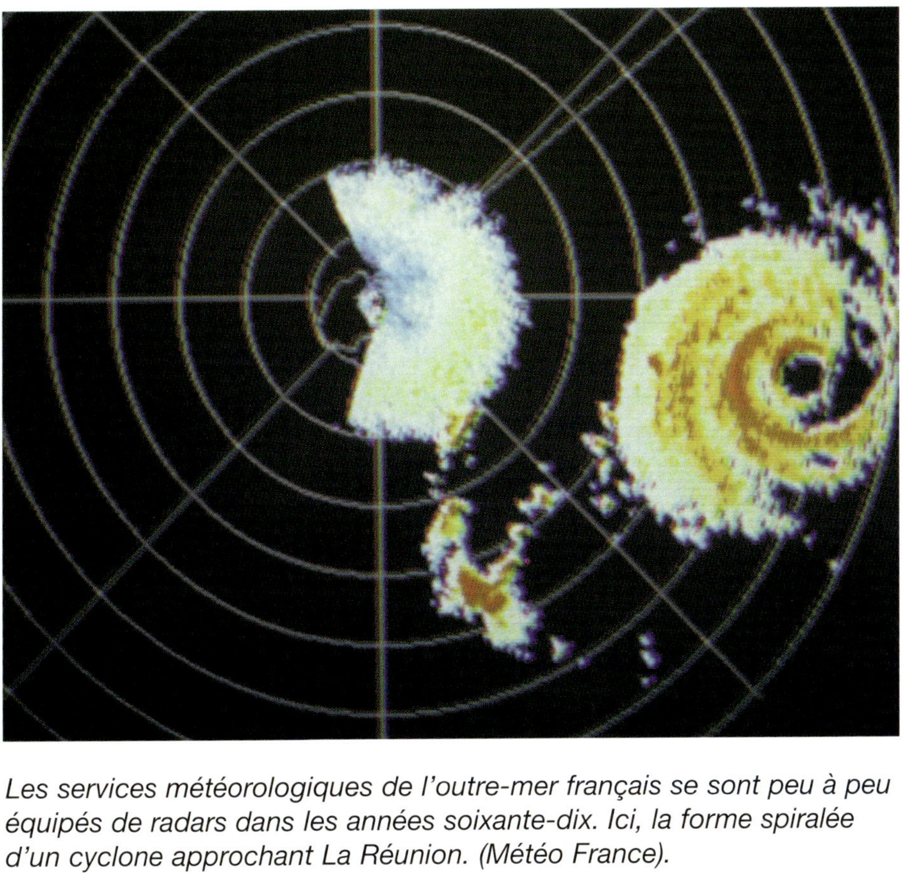

Les services météorologiques de l'outre-mer français se sont peu à peu équipés de radars dans les années soixante-dix. Ici, la forme spiralée d'un cyclone approchant La Réunion. (Météo France).

L'avènement du satellite

Les premiers satellites météorologiques ont fait leur apparition à la fin des années soixante.
À cette époque, il s'agissait essentiellement de satellites géostationnaires, ancrés à 36 000 km d'altitude, qui prenaient une photo couvrant quasiment un hémisphère, une fois par jour (exemple p. 86). Depuis, la perfection des techniques permet d'utiliser des satellites à orbite polaire, qui passent beaucoup plus près de la terre (quelques centaines de kilomètres) et font des séries nombreuses de photos, balayant la planète en spirale. Cette méthode permet d'avoir au moins une photo par heure sur un secteur donné, lisibles sur ordinateur et même sur Internet. Cette fréquence d'images permet aux services météorologiques concernés de pointer heure par heure le déplacement du phénomène et sa puissance (par mesure de l'œil et de la masse nuageuse, notamment).

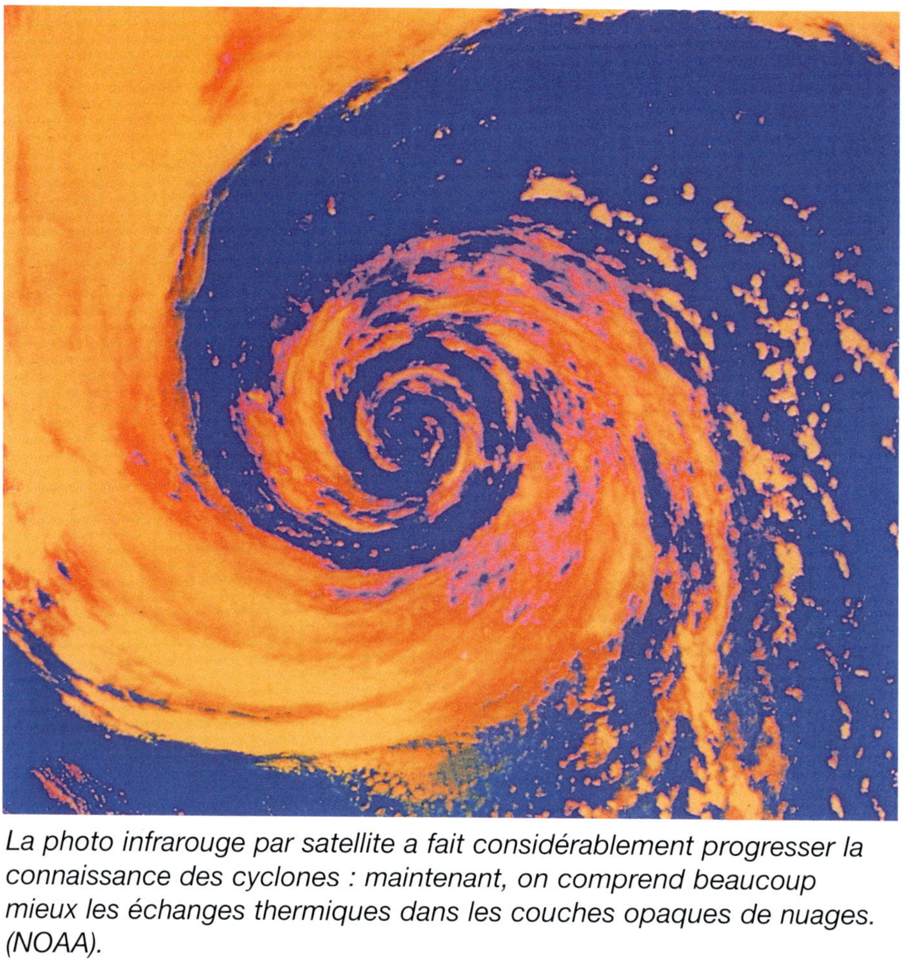

La photo infrarouge par satellite a fait considérablement progresser la connaissance des cyclones : maintenant, on comprend beaucoup mieux les échanges thermiques dans les couches opaques de nuages. (NOAA).

Le cyclone Daniel, approchant le groupe des îles Hawaii en juillet 2000. Photo en couleurs visibles. (NOAA).

Aujourd'hui, la photo satellite des cyclones est à la portée de tout le monde, puisqu'on peut y avoir accès à travers les nombreux sites météorologiques du Web. Satellite géostationnaire GEOS (NOAA).

Le grand mystère des trajectoires

Grâce aux satellites, on peut suivre heure par heure le déplacement des cyclones. Mais ce n'est là qu'une observation après coup : on sait où était le cyclone quand le satellite est passé au-dessus, mais comment savoir où il sera dans une, deux, douze, vingt-quatre heures ?

Un cyclone est une très lourde machine qui pèse plusieurs millions de tonnes. Il possède donc une inertie : une telle masse ne va pas changer totalement de direction en quelques minutes. Mais elle peut infléchir sa route de manière notable, sous l'influence d'autres perturbations (autres dépressions, fronts froids...) qui exercent leur influence très loin sur l'immensité océanique.

Pour prévoir la trajectoire d'un cyclone, il faudrait donc connaître toutes ces manifestations annexes, et les influences que celles-ci peuvent subir de leur côté. Autant dire qu'il faudrait un logiciel qui prenne en compte la totalité de la météorologie du globe.

Cet outil prodigieusement complexe n'existe pas. Des centaines de spécialistes travaillent à le mettre au point, mais le nombre d'inconnues est tel que les calculs ne sont pas fiables : on ne saura peut-être jamais où passera un cyclone dans 24 heures...

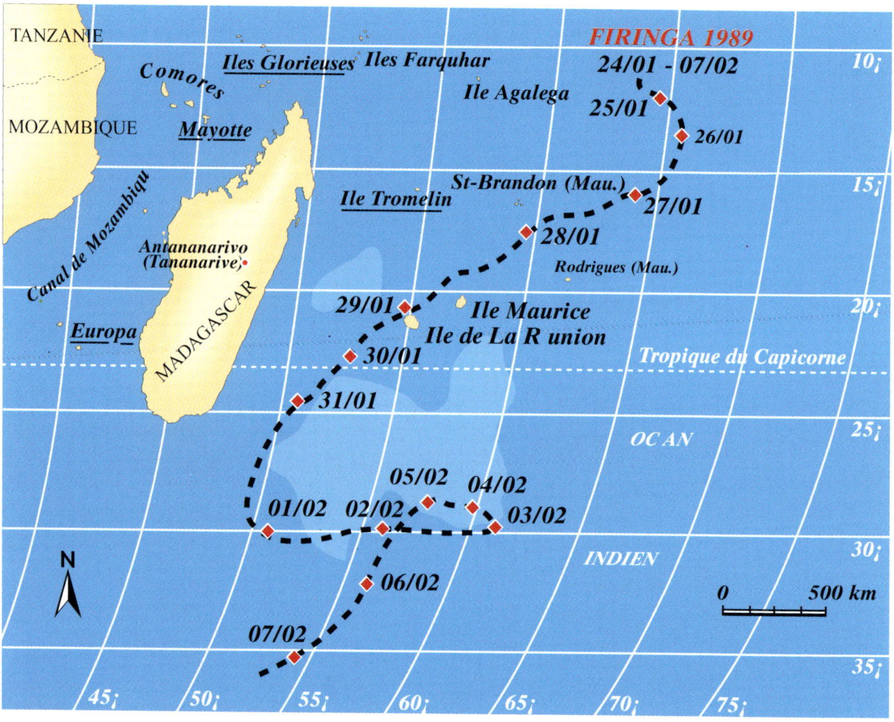

La trajectoire erratique du cyclone Firinga, qui frappa La Réunion en 1989. La présence de perturbations voisines a fait dévier l'ouragan à plusieurs reprises.

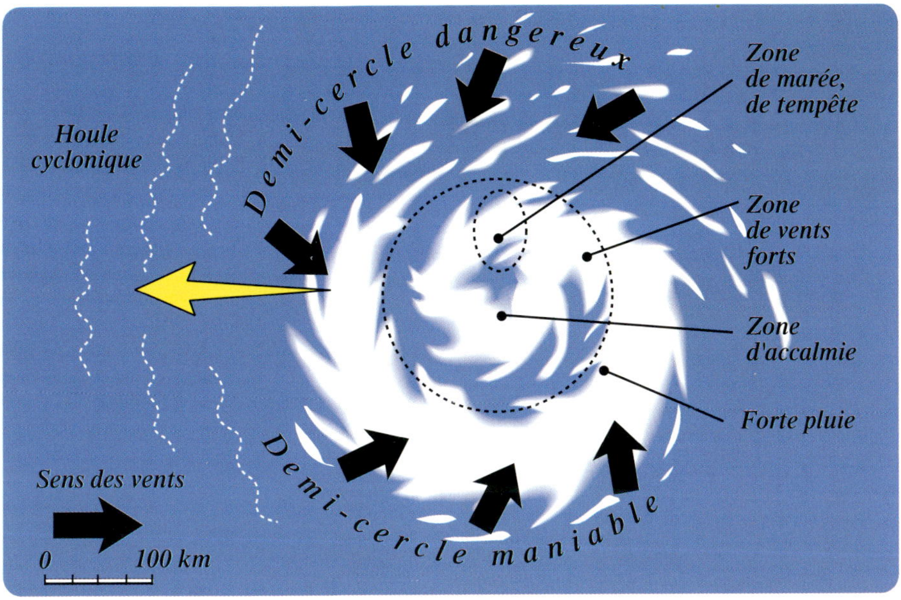

Voilà ce qu'on sait : qu'un cyclone tourne et se déplace. Mais savoir où il va aller, c'est une autre affaire…

Après Firinga : chagrin et désolation… (Télé 7 Jours Réunion).

Des avions dans l'ouragan

Le radar à effet Doppler a apporté une grande amélioration dans la connaissance des cyclones, car il permet de faire des mesures beaucoup plus fines et donc de mieux connaître la structure interne du cyclone (surface de la mer, structure fine des masses nuageuses, etc.).
Le premier radar Doppler de l'outre-mer français a été installé à La Réunion en 1992, mais, depuis, la miniaturisation de ces appareils a permis de les embarquer à bord des avions des célèbres Hurricane's Hunters, qui vont voler au cœur des pires ouragans avec leurs appareils bourrés d'instruments. Mesures radars, mais aussi largage de sondes parachutées permettent d'avoir en direct un portrait fin du cyclone. Cela n'empêche évidemment pas le phénomène de frapper les installations humaines, mais cette meilleure connaissance permet de mieux prévoir l'apparition des cyclones (le vieux rêve de la prévision...) et, accessoirement de répondre à la grande question de ce début de millénaire : les cyclones sont-ils plus nombreux, plus puissants et plus dangereux que jadis ?

L'écusson ci-dessus est celui de la 54e escadrille de reconnaissance météorologique, qui a été désarmée en 1987 (mais la 53e est toujours active). Une unité d'élite qui a poussé ses WC-130 à l'intérieur des plus grands cyclones. Avec parfois des pertes : en 1974, un équipage de six hommes a disparu alors qu'il étudiait le cyclone Beth. Morts pour la science, et pour qu'on puisse, demain, sauver d'autres vies humaines... (Photo Info-Pilote).

Des petits cyclones rouges sur la carlingue de l'avion : c'est le tableau de chasse des Hurricane's Hunters, qui prennent autant de risque pour ces incursions que pour une mission de guerre. D'autant que l'ennemi est gros…

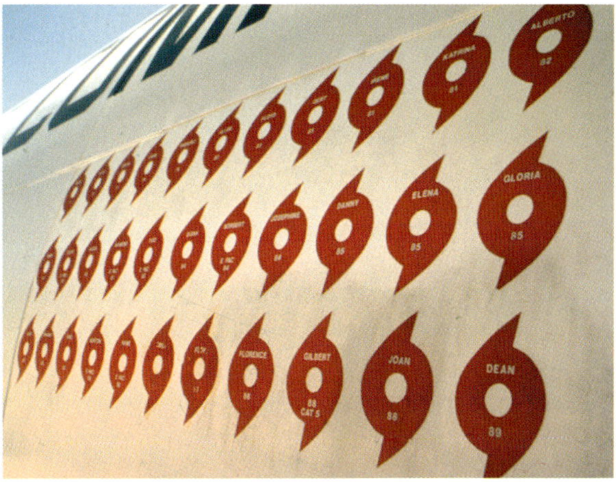

Turner, un célèbre pilote des Hurricane's Hunters. Derrière lui, un des fameux quadrimoteurs à hélices, armé à l'avant, tel un chevalier du moyen-âge, de sa perche à instruments. Les propulseurs à hélices sont préférables aux moteurs à réaction : plus stables dans les turbulences. (Info Pilote).

En panne dans l'œil de Hugo…

Heureusement qu'il y a quatre moteurs sur ces appareils ! Frank Marks, un des Hurricanes Hunters, se souvient qu'il était en train de traverser l'œil du terrible cyclone Hugo, qui venait de passer en catégorie 5, quand un de ses moteurs tomba en panne ! Un tourbillon manqua le précipiter dans les flots et il rentra de justesse. *"J'ai la chance d'être encore en vie après ça"*, dit-il.

Les apprentis-sorciers

L'idée est venue à la fin de la Seconde Guerre mondiale, en cette époque où l'on avait découvert qu'une fusée chargé d'iodure d'argent était susceptible, en "déclenchant" un nuage, de faire tomber la pluie : pourquoi ne pas utiliser de tels procédés pour détruire ou dévier les cyclones ?
Des expériences ont été menées dans ce sens, mais les cyclones ne sont pas de simples nuages, ils mesurent des centaines de kilomètres de diamètre : où verser sa poudre de perlimpinpin ? En outre, on le sait bien maintenant, la vidange des nuages gorgés de pluie ne suffit pas à stopper un cyclone : il a de l'élan, il continue à s'alimenter tant qu'il est sur des eaux chaudes ; et qui dit que le remède (un déluge) n'est pas pire que le mal ?
Très difficile, donc, d'arrêter un cyclone. Mais pourrait-on le dévier, par exemple vers des eaux plus froides où il s'affaiblirait ? Il semblerait que l'expérience ait été tentée, là aussi, avec un demi-succès. Ses auteurs ne s'en vantent pas trop, car le cyclone dévié, à la fin des années quarante, alla ravager un pays voisin... Résultat inattendu mais prévisible du jeu des apprentis-sorciers : puisque l'énergie du cyclone ne pouvait être dispersée, il fallait bien imaginer qu'elle allait se déployer quelque part ! On en est là, pour longtemps sans doute : le seul moyen de se protéger contre les cyclones est de se préparer...

Quand on voit de tel dégâts, on a envie d'empêcher les cyclones de passer. Mais ce n'est pas si simple.... (Protection Civile).

Le cyclone passé, les problèmes ne sont pas terminés : les réseaux d'électricité, d'eau, de transports sont coupés pour des jours. Ici, tout un quartier de La Réunion est venu laver son linge à la rivière après le passage d'un cyclone : plus d'eau au robinet… (Jean-Yves Kee-Soon).

Un voilier jeté à la côte après le passage de Luis à Saint-Martin, en 1995. (Protection Civile).

de précaution

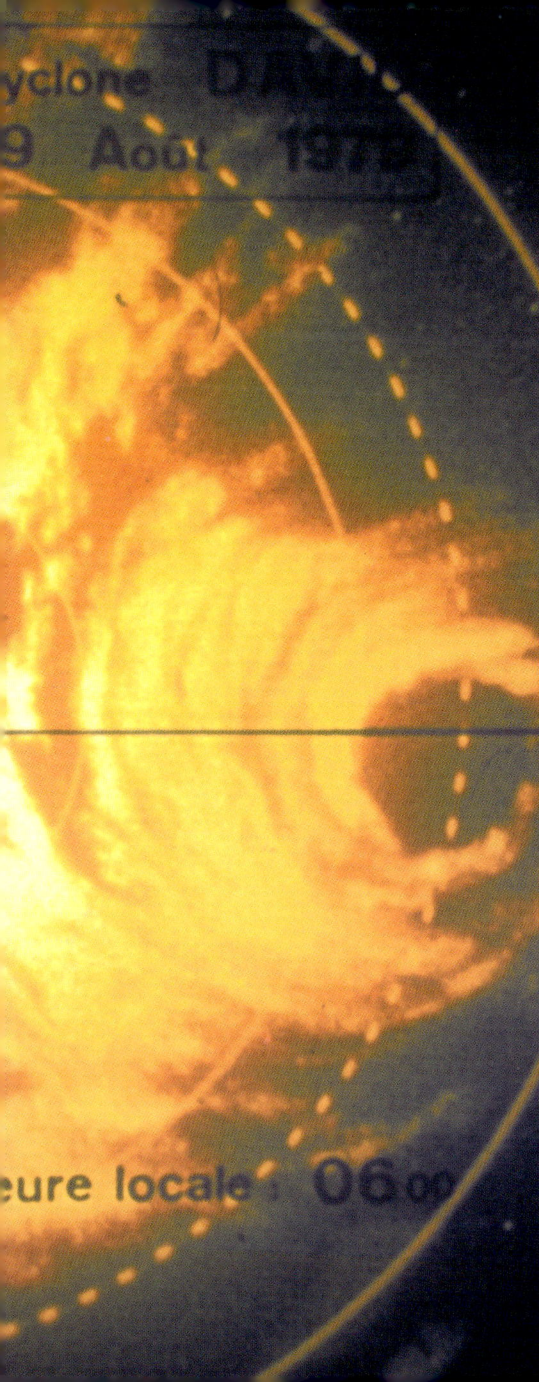

On ne peut pas empêcher les cyclones de venir, mais on peut se préparer à leur venue : c'est là toute la philosophie de la prévention.

Prévention à court terme, avec un système d'alertes bien au point, mais aussi prévention à long terme, avec des normes de construction adaptées au climat tropical et un certain nombre de précautions élémentaires.

Et prévention à très long terme, avec la diminution du rejet de gaz à effet de serre : car la Terre, c'est sûr, se réchauffe, c'est en grande partie à cause de nous, et les populations tropicales paieront l'addition par des cyclones accrus et plus dévastateurs…

Le radar a permis d'observer les cyclones dans leur approche finale, lorsqu'ils ne sont plus qu'à quelques centaines de kilomètres. Mais cette "vision" ne change rien aux faits : la sécurité commence avec la prévention… (Sécurité Civile).

Les systèmes d'alertes

Depuis qu'on est parvenu à déterminer avec une certaine précision la position des cyclones et leur déplacement, les différents pays concernés ont mis au point des systèmes d'alerte, destinés à avertir la population suffisamment à l'avance pour qu'elle ait le temps de se mettre à l'abri.

Deux progrès techniques ont considérablement amélioré ce système, à partir des années soixante-dix : la radio à piles, simple, bon marché et surtout qui fonctionne même quand l'électricité est coupée ; et le satellite, qui a permis une plus grande précision dans la détermination des trajectoires.

Chaque région a mis au point son propre système, sachant que l'objectif est que 1°) la population subisse le moins de risques possible, mais que 2°) un système trop contraignant ne bloque pas la vie économique sans raison valable.

Ce compromis est difficile et il y aura toujours quelqu'un pour protester contre telle ou telle mesure prise par les autorités. C'est facile après coup, mais on a vu que la prévision des trajectoires n'était pas très précise : mieux vaut déclencher une alerte "inutile" que se voir surpris ! De toute façon, les protestations s'effacent devant le bilan : depuis qu'il y a un système d'alertes rapide et fiable, de très nombreuses vies humaines ont été épargnées.

Les alertes aux Antilles

Les phases d'alertes cycloniques sont appelés **"plan ORSEC cyclone"** en Guadeloupe et **"plan d'urgence cyclone"** à la Martinique. Elles sont diffusées par radio et comprennent six étapes :

— **Mise en garde des services opérationnels :** une perturbation météorologique risque d'atteindre le département dans les 48 heures ; la population n'est pas encore concernée, mais les services publics se mettent en vigilance.

— **Alerte N° 1 :** pré-alerte cyclonique ; la dépression est encore éloignée de 800 à 1200 km, mais elle peut affecter l'île dans les 36 heures.

— **Alerte N° 2 :** alerte cyclonique ; la tempête se dirige vers les terres, la population doit rejoindre rapidement les abris et les habitations.

— **Alerte N°2 renforcée :** le danger est immédiat, les effets de la tempête se font sentir ; toute circulation est interdite ; mise à l'abri impérative et immédiate de toute la population.

— **Alerte N°3 :** la tempête présente encore des dangers après avoir touché le territoire ; la circulation reste interdite pendant que s'organisent les premiers secours.

— **Fin d'alerte.**

L'urbanisation galopante (ici, Saint-Denis de La Réunion vu d'avion) fait que des maisons s'implantent sur de trop fortes pentes ou sur le passage de ravines "à sec". Ce sont des risques majeurs en période cyclonique, car la pente peut glisser, ou la ravine se réveiller...
(Photo Noor Akhoun).

Les alertes à La Réunion

Le système d'alerte de La Réunion, qui était à l'origine assez comparable à celui des Antilles, a été simplifié il y a une dizaine d'années :
— **Vigilance cyclonique :** annonce une possibilité de danger ; l'activité normale continue, mais il est interdit de partir en montagne et en mer ; il est recommandé de vérifier son habitat, d'élaguer les branches, d'acheter des produits de base (bougies, eau...) et d'écouter les nouvelles du cyclone à la radio.
— **Alerte orange :** le phénomène approche, un danger est possible ; les écoles ferment, afin que les élèves aient le temps de rentrer chez eux, les animaux sont mis à l'abri, mais le reste de l'activité économique se poursuit normalement.
— **Alerte rouge :** elle est annoncée avec 3 à 4 heures d'avance, afin de permettre à chacun de rentrer chez soi ; pendant l'alerte rouge, qui correspond au danger immédiat, il est interdit de circuler et de sortir de chez soi, interdit également de téléphoner sur un téléphone fixe, les lignes brisées pouvant causer des chocs électriques.
— **Après la fin d'alerte,** il faut rester vigilant : branches cassées et fils tombés à terre sont autant de dangers potentiels. Prudence également face aux radiers, qui peuvent rester en crue longtemps après le départ du cyclone.

Se préparer à la saison cyclonique

Il ne faut pas attendre le dernier moment pour se préparer à affronter un cyclone : c'est souvent très longtemps à l'avance qu'on peut prendre les mesures pour se préserver.
La première d'entre elles, sans doute, concerne l'habitat : même s'il fait très beau le jour où vous achetez un terrain, ou faites construire, ou louez une maison, essayez d'imaginer ce qui se passe quand il y a fort vent et fortes pluies : cette pente ne dirige-t-elle par vers votre futur logis des torrents d'eau et de boue ? La si belle vue sur la mer n'est-elle pas synonyme de grande exposition aux vents ?
Font également partie de la prévention à long terme tout ce qui concerne le drainage des terrains (les bouches d'évacuation ne sont-elles pas colmatées par des feuilles ?), l'élagage et l'entretien des toits, des portes, des volets. Ainsi ne serez-vous pas surpris au dernier moment !

Attente de cyclone à La Redoute, Martinique. (Photo Michèle Perolaz).

Une des premières précautions, à laquelle hélas on ne pense que trop tard parfois, est de ne pas construire n'importe où : les pluies torrentielles apportées par un cyclone peuvent "réveiller" des ravines qu'on croyait à sec depuis des siècles. Surtout si quelqu'un, en amont, a dévié leur cours par un mur, un tas de détritus ou sa propre maison... (À La Réunion après Firinga, photo Télé 7 Jours Réunion).

Au début de la saison cyclonique

1 - Préparez votre habitation en vérifiant et renforçant les toitures, portes, fenêtres. Prévoyez les éventuels dégâts des eaux en nettoyant les fossés dans les environs. Pensez à la végétation : une branche brisée peut faire exploser une fenêtre ; procédez aux élagages qui vous semblent nécessaires.

2 - Constituez une petite réserve pour les coupures d'eau et d'électricité : quelques bouteilles d'eau (ou, tout simplement, un gros bidon que vous emplirez au robinet en début d'alerte, quand l'eau est encore claire), des piles pour la radio, un paquet de bougies... Cela vous évitera de vous ruer à la boutique avec tous les imprévoyants !

Veillée d'armes

Le cyclone est annoncé, il est encore loin, mais il approche : il est temps de prendre vos dernières précautions. Elles seront sereines si vous avez eu la prévoyance de vous préparer longtemps à l'avance (pages précédentes). Dans ce cas, vous n'avez qu'à vérifier que tout est au point chez vous et que vous n'avez rien oublié : laissez les autres se bousculer au supermarché et admirez le paysage en écoutant la radio…

Janvier 1996
N° 8716
32e année
4,40F

FRANCE-ANTILLES
LE QUOTIDIEN D'INFORMATION DES ANTILLES

1995: l'année de tous les cyclones

.a saison cyclonique 1995 ut une année exceptionnelle. Vous abordons ici dans un dossier spécial les phénomènes majeurs qui 'ont marquée pour tenter de es comprendre, à défaut de es expliquer. Ce dossier vise aussi à s'interroger sur les echerches en matière de prévision des phénomènes cycloniques. Enfin, nous présentons les toutes premières prévisions émises par le professeur William Gray, de l'Université de l'Etat

COMM
Le Diam
son costu

Ce dimanche, la avait revêtu son h une journée haut riche en év Le premier week-e véritable
LIRE EN I

TOURISME D
L'ARDTM jo de la con

Attention, un cyclone peut en amener un autre, comme cela a été le cas en 1995 aux Antilles : renouvelez vite vos provisions !

Personnes âges ou handicapées

Les personnes âgées, malades ou handicapées sont beaucoup plus vulnérables que d'autres en cas de cyclone. Il est donc conseillé de préparer la saison cyclonique en fonction de leur présence, de manière à ne pas être surpris au dernier moment.

— Consultez leur médecin pour savoir si elles peuvent supporter un cyclone à la maison, quels sont les médicaments qu'il faut avoir en stock, etc.

— Informez éventuellement les autorités de la présence d'une personne handicapée, afin qu'elle puisse être assistée en cas de besoin.

— Enfin, si vous-mêmes souffrez d'une limitation de mobilité, informez des amis, des voisins, votre médecin, une autorité sanitaire quelconque de votre situation et faites-vous équiper de moyens d'alarme avant le cyclone (sirène, système d'appel d'urgence, téléphone portable)

Dans tous les cas, n'hésitez pas à prendre plus de précautions qu'il ne semble nécessaire : quand le cyclone est là, il est trop tard…

La houle peut être très dangereuse avant un cyclone : prudence !

À l'approche d'un cyclone

1 - Vérifiez les provisions dont vous aurez besoin pendant et après le cyclone : piles (pour pouvoir écouter la radio, pour vous éclairer), eau (en bouteilles ou du robinet, stockée avant les grosses pluies), médicaments de base, lait pour le biberon, etc Pensez que.pendant le cyclone, vous ne pourrez pas sortir !

2 - Écoutez régulièrement la radio, surtout les stations qui donnent des bulletins périodiques. Vous pouvez reporter ces indications sur une carte cyclonique de la région, ce qui vous permettra de suivre le déplacement du phénomène.

3 - N'entreprenez pas de randonnées ni de sorties longues en montagne ou dans la campagne. N'entreprenez pas de promenade touristique en voiture : limitez vos déplacements au strict nécessaire.

4 - N'entreprenez pas de sortie en mer, que ce soit en bateau à voile ou à moteur. À la plage, vérifiez que la baignade est autorisée (drapeau vert). En effet, la houle est souvent dangereuse bien avant l'arrivée du cyclone. Prudence également en ce qui concerne le surf, qui peut être interdit.

Il approche !

Le cyclone approche, il peut devenir dangereux et les autorités ont décrété l'alerte n°2 (aux Antilles) ou l'alerte orange (à La Réunion). Que faut-il faire ?.

Se montrer à la fois calme et prudent. Calme, car le danger n'est pas immédiat et la vie économique se poursuit normalement : les entreprises travaillent, les magasins sont ouverts. Simplement, la population adulte se tient très vigilante : écoute permanente de la radio, derniers achats pour les étourdis qui n'y auraient pas pensé plus tôt, derniers travaux de consolidation des maisons, de mise à l'abri des animaux, de précautions dans le jardin.

Pour ceux qui ne sont pas au travail, les longues heures qui précèdent les choses sérieuses peuvent être mises à profit pour préparer soigneusement la pièce où la famille se réfugiera pendant la tempête : réunissez-y tout ce qui sera indispensable à votre confort (matelas, etc.) et à votre sécurité (radio, éclairage, eau potable, trousse de secours...). Pensez que l'eau risque de s'infiltrer avec les rafales sous les portes et prévoyez ce qu'il faudra pour la stopper et l'éponger.

Enfin, les enfants n'ont pas classe pendant cette alerte. Pensez qu'ils s'ennuient, qu'ils risquent de s'ennuyer encore plus pendant le cyclone et qu'un enfant qui s'ennuie fait des sottises : prévoyez de quoi les occuper (en leur confiant éventuellement des tâches à leur portée, en organisant des jeux...).

Le cyclone Mitch a été, en octobre 1998, le plus puissant et le plus meurtrier du XXe siècle dans le bassin atlantique. Né le 21 octobre au nord de la Jamaïque, il s'est vite renforcé jusqu'à la catégorie 5 (vents de 290 km/h, rafales de plus de 350 km/h, avec un œil de plus de 50 km de diamètre). Il a causé plus de 20 000 morts au Honduras et au Nicaragua. Photo NOAA ; de nombreuses autres images sur http://perso.wanadoo.fr/tibleu/mitch

Les lourds nuages de pluie qui accompagnent les cyclones causent des crues souvent dangereuses : beaucoup de victimes périssent lors du franchissement de rivières en crue. (Photo Kee-Soon).

Pendant l'alerte n°2 (ou l'alerte orange)

1 - Rentrez tous les objets que le vent peut emporter. Parasols (très dangereux s'ils s'envolent), mobilier de jardin, jeux et jouets... Les antennes de télévision peuvent être consolidées ; il est conseillé de démonter les paraboles de réception satellite, si on veut s'éviter un coûteux réglage après le cyclone.

2 - Continuez à écouter la radio. Avez-vous suffisamment de piles ?

3 - Vérifiez et consolidez toutes les ouvertures de votre maison. De simples planches peuvent être une protection efficace devant une fenêtre ou une baie vitrée, pourvu qu'elles soient fixées assez solidement pour ne pas s'envoler. Attention, les objets emportés par le vent peuvent exploser les baies, même au cinquième étage...

4 - Rentrez tous vos animaux (chien, chat, tortue...) et mettez à l'abri vos pots de fleurs et plantes fragiles. Vous pouvez aussi haubaner les arbres les plus frêles dans votre jardin : en général, cela suffit à les empêcher de se déraciner. En revanche, il n'y a pas grand-chose à faire pour les grands arbres, sauf les élaguer.

Il est là !

L'alerte maximale a été annoncée à la radio, le danger est imminent : vite, fermez tout, rentrez tout le monde ! Et que personne ne sorte durant le cyclone !

Bien sûr, tout au long de cette période, il est important de continuer à écouter la radio. Mais s'il fait nuit, si la maison et solide et s'il n'y a pas d'infiltration, rien ne vous empêche de dormir…

Dans la journée, en revanche, vous aurez peut-être envie de voir comment cela se passe dehors… Vous pouvez le faire, c'est même conseillé. En effet, les vents, en appuyant violemment sur une seule façade de votre habitat, finissent par créer une surpression à l'intérieur, et cette surpression peut causer des soulèvements de toit ou des déchaussements de portes et fenêtres entre deux rafales. Il est donc conseillé de laisser entrouverte une porte ou une fenêtre du côté opposé au vent : d'une part, cela permet à la maison de se “dégonfler”, d'autre part, on peut voir les événements. Ce spectacle est sans danger si on prend la précaution de ne **surtout pas sortir** : hors de l'abri de la maison, le vent vous frapperait avec toute sa violence !

Évidemment il faudra tenir compte de la rotation des vents et ouvrir la bonne porte au bon moment…

Attention : **ne sortez jamais pendant le passage de l'œil** car les vents reviendront sans prévenir dans l'autre sens, avec leur puissance maximale.

Même des bâtiments réputés solides peuvent céder dans les vents les plus puissants. Ici, c'est le hangar de la Sécurité Civile qui a crié grâce et s'est effondré sur un hélicoptère lors du passage de Luis sur Saint-Martin en 1995. Triste plaisanterie : le service de secours est désormais sans outil… (Photo Sécurité Civile).

L'église de Grand-Ilet, dans le cirque de Salazie à La Réunion, a été détruite deux fois par des cyclones au cours du XXe siècle. (Archives de La Réunion).

Pendant l'alerte n°3 (ou l'alerte rouge)

1 - Continuez à écouter la radio en permanence : elle donne le déplacement du cyclone, mais aussi des nouvelles locales. Pensez que l'électricité risque d'être coupée et ayez vos piles prêtes.

2 - Souvenez-vous que toute sortie est interdite pendant cette alerte, même dans votre jardin ou la rue devant chez vous. Méfiez-vous des objets volants, qui peuvent causer de graves blessures. En cas d'urgence, appelez les services de secours : 18 pour tout problème médical, 18 pour les autres demandes.

3 - Les sorties en voiture (même si c'est un 4 x 4 solide comme un char d'assaut) sont formellement interdites et punies par de lourdes amendes : oubliez donc votre curiosité et contentez-vous de regarder ce qu'on peut voir de chez vous. Ne prenez pas de risque inutile et n'en faites pas prendre aux services de secours !

4 - Ne téléphonez qu'en cas d'absolue nécessité, pour deux raisons : d'une part, le réseau peut être endommagé, réduisant le nombre de lignes et il faut laisser celles-ci en priorité aux services de secours ; d'autre part, les câbles peuvent être électrifiés à la suite de court-circuits et cette électricité peut revenir dans votre combiné.

Il est parti…

Le cyclone est passé, le ciel est redevenu calme, il sera bientôt bleu. C'est le moment de faire le point.
Le bilan est parfois décourageant : tous ces dégâts, ces branches cassées, tous ces éléments de confort (eau, électricité, téléphone) qui nous manquent !
Par quoi commencer ?

Faites-vous un tableau des priorités : les travaux les plus urgents sont ceux qui concernent la **sécurité** et la **qualité de vie** des personnes.
Il est sans doute plus important de boucher cette fenêtre brisée, de reclouer ces tôles de toit, de couper la branche qui menace se tomber sur la maison que de nettoyer le jardin.
Simples questions de bon sens…

Après le passage d'un cyclone, il y a en général beaucoup à faire… Par quoi commencer ? (Photo Sécurité Civile).

Après la levée d'alerte

1 - Continuez à écouter la radio : il est tout-à-fait possible que le cyclone revienne. Par ailleurs, la radio vous tiendra informé(e) de l'état des routes et de la reprise de l'activité normale.

2 - Ne buvez pas d'eau non filtrée ou non traitée. Si vous avez pris la précaution de faire des stocks avant le cyclone, pas de problème. Si votre stock est insuffisant, désinfectez l'eau (pages suivantes). Attention : vous n'avez besoin d'eau désinfectée que pour la boisson et la cuisine ; on peut se laver à l'eau du robinet.

3 - Facilitez l'accès des secours. Vous pouvez dégager les branches qui encombrent la rue près de chez vous, vous pouvez surtout éviter d'encombrer vous-même ces rues en y jetant vos propres branchages ou en sortant votre véhicule sans raison majeure, juste par curiosité. Un peu de patience !

4 - Ne traversez pas de rivières et de ravines en crue ! Chaque année, les crues emportent des imprudents. Elles peuvent se prolonger plusieurs jours après le passage d'un cyclone et la levée des alertes. Ne vous laissez pas tromper par l'aspect lisse de l'eau au passage d'un radier : ce flux peut vous faire tomber ou soulever votre voiture !

5 - Ne touchez pas les fils tombés à terre ! Les réseaux électriques sont souvent arrachés par les forts vents, le sols est mouillé : les conditions optimales pour une électrocution. Transmettez ce message aux enfants, afin que leur curiosité naturelle, après le cataclysme, ne leur coûte pas la vie…

6 - Renseignez-vous avant d'envoyer vos enfants à l'école : pour certains établissements, des réparations sont peut-être nécessaires et il est possible que la classe ne soit pas rétablie partout. N'inondez pas les établissements de coups de téléphone : la plupart annoncent les perturbations des cours à la radio.

Revivre après un cyclone

Si les heures qui suivent le passage d'un cyclone doivent être consacrées aux travaux prioritaires, les jours suivants permettront de se consacrer à des mesures à plus long terme : dossiers d'assurances (voir plus loin), réparations plus lourdes, grands nettoyages des maisons et des espaces environnants. N'oubliez jamais que ce n'est pas parce qu'un cyclone a frappé votre région qu'il n'y en aura pas un second : soyez vite prêt(e) à l'affronter !

Le cyclone est parti, mais les routes restent difficilement praticables à cause des arbres et des fils tombés et des inondations : pensez aux autres et ne sortez votre voiture que si c'est vraiment nécessaire : les promenades de curieux empêchent les services de secours de faire correctement leur travail. (Photo Sécurité Civile).

Un bar qui est tombé bien bas après le passage de Colina à La Réunion en janvier 93. (Photo René Laï-Yu, JIR).

Comment désinfecter l'eau

D'abord, un rappel : l'eau qui coule à votre robinet **avant un cyclone** est de l'eau normalement potable. Rien ne vous empêche donc d'en remplir une série de bouteilles et de marmites. Cette eau peut se conserver plusieurs jours : il n'est donc pas indispensable de se lancer dans des dépenses d'eau en bouteilles.
Mais, si vous n'aviez pas assez d'eau en réserve, si vous n'avez pas de bouteilles d'eau minérale, si donc vous êtes dans l'obligation d'utiliser l'eau du robinet **après un cyclone**, sachez que celle-ci peut être polluée. Il est donc prudent de la désinfecter.

Méthode à l'eau de Javel :
1 - Préparez une eau de Javel diluée : mélangez un quart d'eau de Javel à 12° et trois quarts d'eau dans une bouteille. **Attention :** il ne faut pas boire ce liquide ; pensez à **bien identifier la bouteille** et à la mettre hors de portée des enfants pour éviter les accidents.
2 - Versez **trois gouttes** de ce mélange dans chaque litre d'eau que vous tirez au robinet. **Agitez fortement** et laissez reposer **une demi-heure** avant de consommer.

Méthode par ébullition :
1 - Faites bouillir l'eau du robinet pendant **au moins vingt minutes**
2 - Battez cette eau afin de la ré-oxygéner.
3 - Laissez refroidir et buvez.

Grandes quantités (citernes) :
Préparez un mélange composé de 10 litres d'eau + un verre d'eau de Javel pure par mètre cube d'eau (1000 litres). **Attendre le lendemain pour consommer.**

La méthode par ébullition est nettement plus coûteuse. Réservez-la aux eaux de biberon ou pour les personnes délicates.
Normalement, l'eau du robinet est à nouveau propre à la consommation 48 heures après le passage du cyclone. Il est cependant préférable d'attendre les consignes des autorités avant de la consommer.

Les secours d'urgence

Il faut distinguer entre différents stades d'urgence en matière de secours.

Pendant le cyclone lui-même, la police, les pompiers, la gendarmerie, la Protection Civile et parfois l'armée peuvent intervenir sur des cas à régler immédiatement : personnes en danger de mort, à évacuer, crues catastrophiques, menaces majeures sur des secteurs clé, etc.

Ces services ont souvent fort à faire pendant le plus gros du cyclone et leurs hommes risquent parfois leur vie : **ne les dérangez pas inutilement** pour des problèmes que vous pourriez régler vous-même ! Pensez que le vent souffle pour tout le monde...

La seconde urgence concerne les heures qui suivent immédiatement le cyclone. Là encore, il faut parer au plus pressé : soin des blessures graves, relogement provisoire des personnes sans abri, aides en vivres, en vêtements, en médicaments...

Ce n'est qu'après que les différents services de secours, assistés par les équipes municipales, celles d'EDF et de France Télécom, voire des entreprises privées de travaux publics, vont pouvoir patrouiller en voitures tout-terrain, inventorier les dégâts et rétablir peu à peu les réseaux d'eau, d"électricité, de routes, de téléphone...

D'abord les vies humaines : cela semble logique, non ?

Déballage de colis d'aide de premiers secours dans un dispensaire de la Croix-Rouge à Saint-Martin après Luis. : vivres mais aussi vêtements propres et secs contribuent au bien-être des familles dont les maisons ont été détruites. (Photo Protection Civile).

Les pompiers, la Protection Civile, l'armée peuvent intervenir après les cyclones pour des secours d'urgence, comme ici mettre des maisons à l'abri des pluies. (Photo Protection Civile).

Le choc psychologique

Les effets destructeurs d'un cyclone ne se limitent pas à l'habitat et à l'environnement : il arrive qu'ils s'étendent à la psychologie des victimes.
Rien de plus normal : quand tout s'effondre autour de vous, quand vous avez craint pour votre vie, quand le calme revient sur un pays ravagé, sur une maison détruite, on peut en ressentir un choc profond. Les Américains ont constaté de nombreuses tentatives de suicide d'enfants après le cyclone Andrew : ces jeunes avaient été profondément ébranlés par le cataclysme.
Le conseil qui suit va peut-être paraître dérisoire, mais il faut se souvenir que rien n'est plus précieux que la vie : une maison peut se reconstruire, on peut éventuellement remplacer l'animal de compagnie péri dans la tempête, les assurances compenseront une partie de vos pertes, même si c'est insuffisant. Il ne faut donc pas vous laissez emporter par la dépression : ce serait une seconde victoire du cyclone !
N'hésitez pas à vous faire aider, à faire aider vos enfants par des spécialistes : le traumatisme d'après-catastrophe est bien connu, il frappe des centaines de milliers de personnes chaque année et il n'y a pas de honte à aller confier ses angoisses à un psychologue. L'essentiel, rappelons-le, est le retour à une vie normale...

Reconstruire, préserver

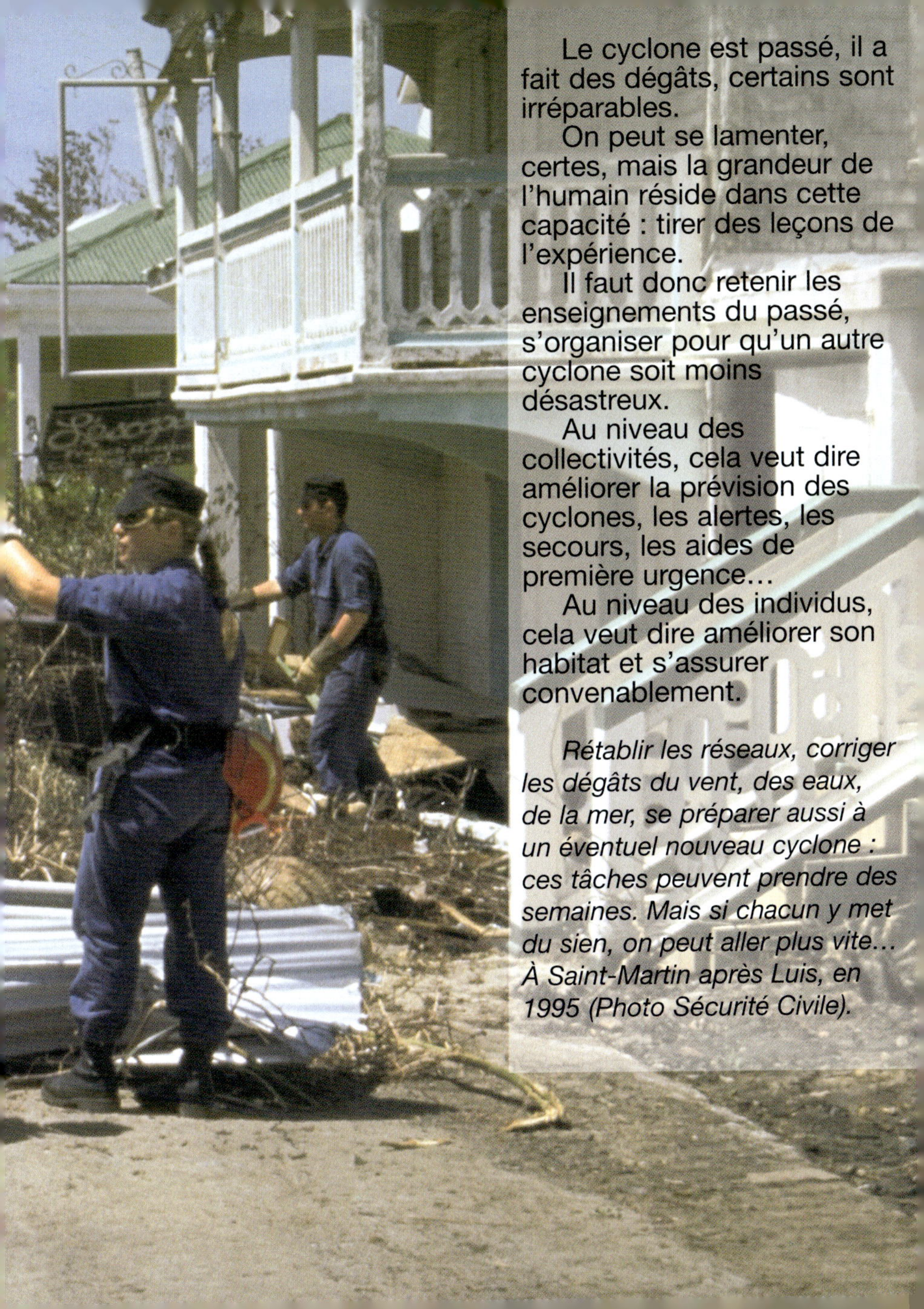

Le cyclone est passé, il a fait des dégâts, certains sont irréparables.

On peut se lamenter, certes, mais la grandeur de l'humain réside dans cette capacité : tirer des leçons de l'expérience.

Il faut donc retenir les enseignements du passé, s'organiser pour qu'un autre cyclone soit moins désastreux.

Au niveau des collectivités, cela veut dire améliorer la prévision des cyclones, les alertes, les secours, les aides de première urgence…

Au niveau des individus, cela veut dire améliorer son habitat et s'assurer convenablement.

Rétablir les réseaux, corriger les dégâts du vent, des eaux, de la mer, se préparer aussi à un éventuel nouveau cyclone : ces tâches peuvent prendre des semaines. Mais si chacun y met du sien, on peut aller plus vite… À Saint-Martin après Luis, en 1995 (Photo Sécurité Civile).

Tirer les leçons

Un cyclone n'est pas une punition divine : c'est un phénomène naturel et si nous avons parfois à souffrir de ses dégâts, il est toujours utile de voir dans quelle mesure c'est notre faute…

En effet, combien de maisons sont construites trop près de la mer, sur le lit réputé "à sec" d'un ancien cours d'eau, sur des terrains instables et mal protégés, combien de toits mal conçus, combien d'arbres trop proches des maisons, qui risquent de s'effondrer dessus !

Il faut donc tirer la leçon des cyclones : réparer les dégâts, certes, mais voir ce qui n'a pas marché, et pourquoi. Certains matériaux étaient-ils insuffisants ou inadaptés, le travail avait-il été mal fait, la conception elle-même était-elle défectueuse ?

Cette leçon n'est pas seulement lisible dans votre maison ou votre jardin : chez les autres aussi se constatent les dégâts liés à l'imprévoyance. Tirez-en les conclusions en ce qui vous concerne : il n'y a pas que chez les voisins que les catastrophes arrivent !

Attention : c'est bien joli d'avoir sa villa "pieds dans l'eau", mais quand cette eau est en furie, le risque est grave ! Tenez-en compte avant de construire : si les Anciens élevaient leurs cases à prudente distance de la mer, il y avait peut-être une raison ? (Photo Sécurité Civile).

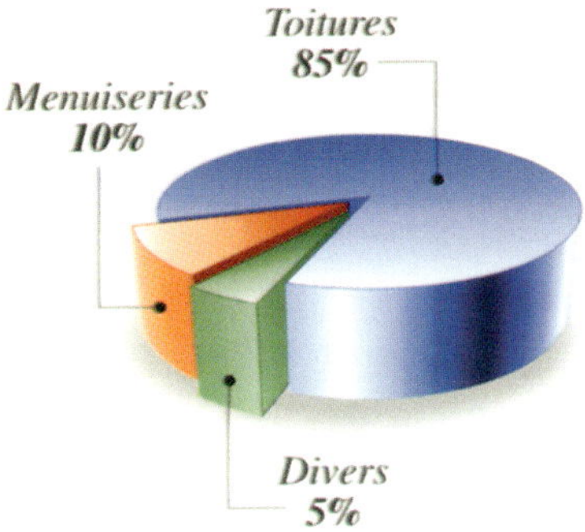

Proportion des dégâts causés par les cyclones : les toitures sont, de loin, les plus touchées. Raison de plus pour les faire solides !

Pensez aux effets des eaux : une maison trop proche d'une ravine est en grave danger si celle-ci déborde ! Des murs de protection peuvent limiter les dégâts. Mais si vous n'avez pas encore construit, pensez à ce risque avant d'acheter votre terrain. Cela vous évitera quelques soucis... (Photos Sécurité Civile).

Comment protéger ses biens

La meilleure protection est la prévention. Faites des efforts d'imagination : pensez à ce que peuvent faire le vent et les eaux à vos biens, non pas quand le cyclone est à deux pas, mais longtemps auparavant, pendant la saison froide. Faites les aménagements nécessaires et vous verrez que cette petite dépense d'énergie et d'argent est le meilleur des investissements !

Il en est des cyclones comme de la conduite automobile : il faut être prudent tout le temps et non pas freiner en catastrophe lorsque l'accident est inévitable. Pensez sans cesse que le cyclone peut frapper, même s'il n'y en a pas eu depuis plusieurs années : votre logis est-il vraiment armé et préparé ?

Résultats de l'imprévoyance en matière d'amarrage...

Une porte-fenêtre mal protégée contre le vent, et voilà le résultat : le cyclone est entré dans la maison, renversant les meubles, explosant les vitres, noyant de pluie ce qu'il n'avait pas cassé.
Pourtant, les murs ont résisté : la maison aurait donc être préservée si les ouvertures n'avaient pas été négligées. (Photos Sécurité Civile).

Quelques conseils "d'après-cyclone"

1 - Faites le diagnostic : voyez ce qui n'a pas résisté et pourquoi (ouvertures mal protégées, fossé bouché, muret aux fondations insuffisantes...).
2 - Ne vous contentez pas de réparer : il faut aussi corriger les erreurs du passé afin que le prochain cyclone fasse moins de dégâts.
3 - Agissez vite : vous ne savez pas quand le prochain cyclone frappera !
4 - Choisissez avec soin vos matériaux : des tôles pré-laquées "glissent" dans le vent et résistent mieux aux rafales ; pensez à les choisir suffisamment épaisses et à les fixer solidement aux charpentes par des vis auto-perceuses ; pensez à éviter les porte-à-faux qui offriraient une trop grande prise au vent.
5 - Pensez à ce qui n'est pas visible : beaucoup de murs s'effondrent parce qu'ils n'avaient pas des fondations suffisantes ; se donner la peine de creuser le sol et de noyer un treillis de métal dans un béton (chaînage) peut vous éviter de pénibles travaux de restauration par la suite...
6 - Faites l'inventaire des "brèches" : un cyclone est comme l'assaillant d'un château-fort, il va chercher les point faibles par lesquels il pourra s'introduire. Recherchez ces brèches possibles ; ce sont souvent des fenêtres et des portes mal protégées ou le toit. Imaginez les effets d'un vent de 300 km/h là-dessus et agissez en conséquence. Et surtout, ne remettez pas au lendemain !

C'est laid, mais ça peut être efficace : un gros grillage bien fixé peut stopper beaucoup d'objets volants et préserver votre environnement. Celui-ci n'est pas vraiment joli (surtout après les rafales !), mais on peut masquer un grillage anti-vent dans une haie. (Photo Sécurité Civile).

Comment assurer ses biens

La législation sur les assurances a considérablement évolué au cours de ces dernières années (voir plus loin), mais même si elle est plus protectrice envers les usagers, il est sage de vérifier son contrat avant la saison cyclonique, si on veut éviter certaines mauvaises surprises.

Il faut savoir que tous les biens ne sont pas assurés de la même manière : par exemple, tel contrat qui couvre les dégâts de la maison n'assure peut-être pas le garage en tôle, justement parce qu'il est en tôle. Les dégâts des eaux sont souvent exclus des contrats “Tempête, ouragan, cyclone”, sauf si ces dégâts sont causés par un arrachement du toit : l'eau qui arrive par en bas n'entre pas dans la garantie !

Enfin, pensez à vérifier ce qu'il en est des franchises, souvent importantes : elles dépassent parfois plusieurs milliers de francs... soit le coût de vos dégâts mineurs.

N'hésitez pas à consulter votre assureur : il vous doit des réponses claires.

Ce n'est pas quand on n'a plus rien qu'il faut se soucier des questions d'assurance : c'est avant... (Photo Sécurité Civile).

QUELS SONT LES CAS OU NOTRE GARANTIE NE JOUE PAS ?

• Les dommages occasionnés directement ou indirectement par les eaux de ruissellement,
• Les dommages dûs à l'engorgement et le refoulement des égouts, par les inondations, les raz de marée, le débordement des sources, cours d'eau,
• Les dommages dûs à la mouille, au vent et dans un bâtiment :
- qui n'était pas entièrement clos et couvert au moment du sinistre,
- dont la construction ou la couverture comporte dans quelque proportion que ce soit, des matériaux tels que chaume, ou matériaux non posés dans les règles de l'art telles que définis par les règlements en vigueur,
• Les dommages aux agencements et installations fixes ou mobiles extérieurs aux bâtiments tels que les antennes, les clôtures, les stores, les persiennes, les volets, les gouttières et chenaux lorsqu'ils ne sont pas accompagnés d'une destruction partielle ou totale du bâtiment assuré.

Liste des dégâts naturels non garantis sur un contrat d'assurance habitation : mieux vaut la lire AVANT le cyclone !

Un déluge est tombé du ciel, les système d'évacuation des eaux ont été débordés, un liquide marron, de la boue ont envahi maisons, rues et commerces…
Votre assurance prévoit-elle le remboursement en cas de dégâts des eaux ? Quelle est la franchise ? (Photo Sécurité Civile).

Les aides provisoires

De nombreuses mesures d'aide aux sinistrés existent dans les départements et territoires d'outre-mer français.

Les services d'urgence peuvent intervenir pour des aides médicales ou de sécurité pendant et après le cyclone et un certain nombre d'organisations ou d'administrations peuvent aider les populations en détresse, en restaurant des toits, en offrant des abris provisoires, et bien sûr en rétablissant les réseaux d'énergie et de communications.

Cependant, ce ne sont que des aides provisoires : le toit rafistolé n'est pas un vrai toit et il faudra, dans un second temps, procéder à des travaux définitifs. Prenez la précaution, si vous entamez ces travaux, de consulter votre assureur à l'avance !

Quand tout est détruit, on a besoin d'aide... (Photo Sécurité Civile).

Quand tout a été détruit, qui aider en premier, où faire porter les premières urgences, quels dossiers laisser en attente provisoire ? De lourdes et graves décisions, qui doivent être prises dans le feu de l'action par les services de secours. (Photo Sécurité Civile).

Un abri-bus renversé par les vents de Tiwaka, en Nouvelle-Calédonie . (Photo Nouvelles Calédoniennes).

Qui contacter ?

Dans l'urgence :
— Problème médical : téléphonez au 15, qui basculera votre demande sur le service de secours adapté (SAMU, pompiers, etc.).
— Autre urgence : téléphonez au 18 pour tout ce qui concerne les interventions **urgentes** non médicales.
Après le cyclone :
— Réseaux eau et électricité : appelez les compagnies des eaux et EDF ; mais écoutez surtout la radio : il y a de fortes chances pour que les services publics soient déjà au courant du problème et aient émis des communiqués à destination des usagers ; évitez par conséquent d'encombrer les lignes et de déranger les agents pour des faits qu'ils connaissent déjà : ils ont mieux à faire...
— Réseaux routiers : selon la hiérarchie des réseaux, ce sont les services de l'Équipement ou des mairies qui sont responsables. Là aussi, pensez qu'il y a beaucoup à faire, que les moyens techniques et humains sont limités et que les grands axes sont dégagés en priorité : n'appelez que s'il y a vraiment urgence ou si vous avez l'impression qu'on vous a oublié (cela arrive...).
— Dégâts chez vous : le premier partenaire à appeler est votre assureur ; il vous dira quelles sont les limites de garantie de votre assurance habitation et vous renverra sur les services adéquats si les dégâts entre dans la catégorie “TOC” (tempête, ouragan, cyclone) et si l'état de catastrophe naturelle a été décrété. Dans le cas où vous devez faire appel à des professionnels pour réparer les dégâts chez vous, n'oubliez pas de faire constater ceux-ci avant tout et de demander des factures détaillées. Et informez votre assureur avant tout !

Les acteurs de la reconstruction

De nombreux organismes et services interviennent après les cyclones en matière de reconstruction.

La **Sécurité Civile** est au premier rang dans la plupart des régions françaises susceptibles d'être touchées par des cyclones. Placée sous les ordres du préfet de région, elle est la première à intervenir sur le terrain, dans le cadre du plan ORSEC. Il est fréquent que les **pompiers**, volontaires ou professionnels, interviennent sous les ordres de la Sécurité Civile.

La **Croix-Rouge Internationale** est une ONG (organisation non-gouvernementale) qui intervient partout où elle autorisée à se rendre, indépendamment de toute considération ethnique, politique ou religieuse. Son intervention reste réservée au domaine sanitaire et médical.

Le **Corps Mondial du Secours** est une autre ONG, association française de 200 membres (médecins, infirmiers...) qui s'est organisée en service "de catastrophe" ; il a un centre d'instruction à La Réunion et à la Guadeloupe.

La **Fédération Nationale de la Protection Civile (FNPC)** est une association française présente dans tout l'outre-mer, qui compte environ 170 000 adhérents. Son objectif est de promouvoir le secourisme.

L'armée est parfois appelée en renfort dans le cas de catastrophes graves. Ses hommes, polyvalents, peuvent aider à rétablir les routes ou à effectuer des travaux d'urgence sur les maisons endommagées. (Photo Sécurité Civile).

Tronçonneuses, caisses à outils, matériel léger et lourd : la Sécurité Civile est équipée pour faire face à tous les types de travaux. Organisée en équipes légères, elle est très mobile et peut intervenir rapidement. Sur place, elle sera appuyée par les services locaux et du matériel lourd. (Photo Sécurité Civile).

Des équipes de la Sécurité Civile au travail après Luis à Saint-Martin. Il y a énormément à faire et les travaux prendront plusieurs semaines. Mais il faut faire vite car des épidémies peuvent survenir. (Photo Sécurité Civile).

La garantie TOC

Le premier système de garantie contre les calamités naturelles date de 1964. Mais elle ne concernait que l'aspect agricole : cheptel, cultures et récoltes, dégâts aux sols cultivés.

Une première loi concernant l'indemnisation de tous les citoyens, même non agriculteurs, fut votée en 1982, mais elle oubliait l'outre-mer ! Les DOM-TOM, pour la plupart situés dans des zones à risque cyclonique, étaient donc exclus de l'aide nationale.

Il a fallu que Hugo ravage la Guadeloupe en 1990 pour que l'État étende enfin la garantie à l'outre-mer (loi du 25 juin 1990, n° 90-509, article 2, chap. 3). Cette loi fait obligation aux assureurs de couvrir les dégâts du vent dus aux tempêtes, ouragans et cyclones (d'où le nom de "garantie TOC"). Cette garantie est liée à la garantie Incendie.

Attention, la garantie TOC ne couvre pas tout. Sont exclus notamment :

— Les dégâts des eaux , sauf s'ils sont liés à une destruction du toit ;

— Les bâtiments partiellement couverts ou fermés.

— Les maisons posées sur le sol (sans fondations).

— Les toitures réalisées à l'aide de bâches ou de toiles.

— Les vitres, antennes, clôtures...

Tout est détruit. Qui va payer ? On sort de la tempête pour entrer dans un maelstrom juridique... (Photo sécurité Civile).

Le saviez-vous ?

— Déclarez le sinistre dans les cinq jours suivant le cyclone, par lettre recommandée avec avis de réception.
— Remettez à votre assureur une attestation de la station météorologique de l'île attestant que la vitesse des vents était supérieure à 100 km/h.

La garantie TOC ne concerne que les dégâts sur les bâtiments totalement recouverts et fermés. (Photo sécurité Civile).

Quelles autres garanties ?

Outre la garantie TOC évoquée dans les pages précédentes, les victimes des cyclones peuvent bénéficier de différents secours, en fonction de la gravité du phénomène.

La garantie TOC est automatiquement **incluse dans votre assurance multirisque habitation** ; celle-ci est obligatoire et couvre bien d'autres dégâts (incendie, dégâts des eaux, bris de glaces, vol, etc.).

La garantie catastrophe naturelle est elle aussi incluse dans votre contrat multirisque. Elle n'intervient **qu'après publication au Journal Officiel de l'état de catastrophe naturelle.** Cette publication succède au rapport des autorités locales (préfecture, etc.) qui statuent en fonction de divers critères : vitesse des vents, pluviométrie, ampleur des dégâts...

La garantie catastrophe naturelle couvre tous les dégâts causés par ladite catastrophe, qu'ils soient liés au vents, aux eaux ou à d'autres phénomènes (court-circuit, chute d'arbres, etc.).

Remarque : votre responsabilité n'est pas engagée si une partie de votre maison, emportée par le vent (tôle...), cause des dégâts ailleurs.

Tout est ravagé dans le jardin ?
Rien ne couvre ce type de dégât, sauf si vous avez souscrit une police spéciale (cas notamment des jardins d'agrément, dont la richesse végétale est le gagne-pain). (Photo : FNPC).

Le cas des entreprises

Les entreprises doivent particulièrement se prémunir contre les risques liés aux cyclones. On ne pense souvent qu'aux destructions directes de bâtiments et d'équipements, qui sont couvertes par l'assurance de base, mais la coupure des réseaux, par exemple, peut entraîner des pertes considérables : coupure de la chaîne du froid dans les entrepôts frigorifiques et les magasins d'alimentation, impossibilité de travailler pour les entreprises de communication si le réseau téléphonique est endommagé, fermetures obligatoire d'hôtels qui n'ont plus d'eau ou d'électricité, jardins botaniques ravagés par le vent…
La liste est interminable des inconvénients qui peuvent suivre un grand cyclone. À chaque chef d'entreprise de mesurer le coût potentiel de ces problèmes et de négocier avec son assureur les contrats adéquats. Le tout est une question d'équilibre : il ne faut pas alourdir sa trésorerie avec des annuités trop importantes, mais il ne faut pas non plus prendre le risque de manques à gagner qui pourraient entraîner une grosse perte, voire une fermeture de l'entreprise !
Là comme chez les particuliers, la bonne recette est de prévoir : penser au cyclone avant le cyclone, c'est s'épargner quelques mauvaises surprises…

L'indemnisation pour dégâts graves n'intervient qu'après la publication de l'arrêté ministériel constatant l'état de catastrophe naturelle. Patience donc : l'affaire peut prendre quelques mois… (Photo Sécurité Civile).

Comment se faire rembourser ?

La première urgence en matière de remboursement est la **déclaration de sinistre** : il faut que votre assureur soit informé, et vite.
Il est conseillé de procéder à cette information par lettre recommandée. Si vous ne disposez pas encore de toutes les pièces (estimation des dégâts, copies de factures, etc.), ce n'est pas grave : vous les fournirez plus tard. Mais il ne faut surtout pas laisser s'écouler le délai de déclaration, qui est de cinq jours au minimum, mais qui peut être plus long, comme on le voit sur l'extrait de contrat ci-dessous. Dans un cas de catastrophe naturelle, les délais de déclaration sont les mêmes.

LE REGLEMENT DES SINISTRES
QUE DEVEZ VOUS FAIRE EN CAS DE SINISTRE

Lorsqu'un sinistre survient, vous devez :

- prendre immédiatement toutes les mesures nécessaires pour en limiter l'importance et sauvegarder les biens garantis ;
- nous le déclarer dès que vous en avez connaissance, et au plus tard dans un délai de 10 jours ouvrés soit à la société ou à votre assureur conseil.

En cas de non respect du délai, vous perdez pour ce sinistre le bénéfice des garanties

Votre contrat d'assurance détaille généralement toutes les procédures pour être remboursé. Pensez surtout aux délais !

LES EVENEMENTS

B - TEMPETE - OURAGAN - CYCLONE - GRELE - NEIGE

QUELS SONT LES DOMMAGES GARANTIS ?

Nous garantissons à concurrence des sommes indiquées au tableau récapitulatif des garanties, les dommages matériels causés aux biens assurés au lieu désigné au contrat s'ils sont la conséquence :

- Du vent ou du choc d'un corps renversé ou projeté par le vent,
- De la grêle sur les toitures,
- Du poids de la neige (ou de la glace) accumulée sur les toitures,
- De la mouille causée par la pluie, lorsque la pluie pénètre à l'intérieur du bâtiment assuré sous réserve que le clos ou le couvert ait été préalablement endommagé.

Les dégâts couverts par la garantie TOC, dans un contrat d'assurance multirisque habitation.

GARANTIE OPTIONNELLE
D1 - DOMMAGES CAUSES PAR L'EAU DE PLUIE CHASSEE PAR LE VENT - L'INONDATION

QUELS SONT LES DOMMAGES GARANTIS ?

Par dérogation aux conditions et exclusion de la garantie D et sous réserve de la stipulation, aux conditions particulières, et dans la limite du capital assuré, les dommages matériels causés par :

- Les eaux de pluie ayant pénétré dans les bâtiments par l'action du vent sans qu'il y ait de dommage préalable au bâtiment.
- L'inondation, c'est à dire les hautes eaux, débordements de rivière, inondations, eaux de ruissellement, à l'exclusion du refoulement et de l'engorgement des égouts.

Les dégâts des eaux chassées par le vent ou de ruissellement, cas fréquent dans les cyclones, ne sont couverts que par une garantie optionnelle (sauf dans le cas d'un cyclone décrété "catastrophe naturelle"). Pensez à vous prémunir contre ce genre d'incident...

Image banale d'un lendemain de cyclone : la boue a tout envahi. Peu d'assurances couvrent ce risque. (Photo Sécurité Civile).

Références légales

La législation est relativement claire en ce qui concerne les cyclones : ou bien celui-ci a été décrété catastrophe naturelle, ou bien il ne l'est pas.
Pour s'y retrouver, on peut plonger dans son Journal Officiel mais, pour vous éviter d'avoir recours à l'aspirine, vous pouvez tout simplement demander conseil à votre assureur ou, si vous craignez qu'il ne vous raconte des histoires, au service juridique de votre mairie.

Souvenez vous que :
— Les indemnisations en cas de catastrophe naturelle ne sont versées que dans un délai de trois mois.
— Que pour les toucher, il faut avoir souscrit une assurance multirisque standard pour les immeubles concernés.
— Les garanties TOC et catastrophe naturelle couvrent les véhicules à moteur terrestres, mais pas les autres : bateaux et avions doivent être couverts par une assurance spéciale.
— Le cheptel et les révoltes doivent être couverts par une assurance agricole.
— Les animaux de compagnie ne sont pas couverts.
— Des aides d'extrême urgence peuvent être destinées aux personnes et entreprises en difficulté : aides en nature aux personnes qui ont tout perdu, prêts à taux réduits aux entreprises en difficulté.

La loi de 1982

Loi du 13 juillet 1982, relative à l'indemnisation des victimes de catastrophes naturelles (extraits) :
Article premier.
Les contrats d'assurance souscrits par toute personne physique ou morale autre que l'État et garantissant les dommages d'incendies ou tous autres dommages à des biens situés en France, ainsi que les dommages aux corps des véhicules terrestres à moteur, ouvrent droit à la garantie de l'assuré contre les effets des catastrophes naturelles sur les biens faisant l'objet de tels contrats.
En outre, si l'assuré est couvert contre les pertes d'exploitation après incendie, cette garantie est étendue aux effets des catastrophes naturelles, au sens de la présente loi.
Les dommages matériels directs ayant eu pour cause déterminante l'intensité anormale d'un agent naturel, lorsque les mesures habituelles à prendre pour prévenir ces dommages n'ont pu empêcher leur survenance ou n'ont pu être prises.
L'état de catastrophe naturelle est constaté par arrêté interministériel.

Les populations modestes sont souvent désarmées face au cataclysme et, passé celui-ci, face aux montagnes de paperasse qu'il faut remplir pour se faire aider ou rembourser. Heureusement, les services sociaux sont là pour les aider. Dans chaque mairie et mairie annexe, il y a une équipe pour assister les personnes démunies ou handicapées dans leurs démarches. Une aide appréciable quand on a tout perdu... (Photo Sécurité Civile).

La loi de 1990

Loi du 25 juin 1990, modifiant le Code des assurances et portant extension aux départements d'outre-mer du régime d'indemnisation des catastrophes naturelle.

Article premier.

Il est inséré un nouvel article, L.122-7 au Code des Assurances. Les contrats d'assurance garantissant les dommages d'incendie à des biens situés en France ainsi qu'aux corps des véhicules terrestres à moteur ouvrent droit à la garantie de l'assuré contre les effets du vent du aux tempêtes, ouragans ou cyclones sur les biens faisant l'objet de tels contrats.

En outre, si l'assuré est couvert contre les pertes d'exploitation après incendie, cette garantie est étendue aux effets du vent dû aux tempêtes, ouragans ou cyclones.

Article 3.

Les dispositions des titres 1er, 2 et 3 du livre 1er sont applicables dans les territoires d'outre-mer, à l'exclusion des articles L-122-7, L.124-4, L 125-6 et L 132-31 et dans la collectivité territoriale de Mayotte.

Et demain ?

Est-ce que le réchauffement de la planète va provoquer plus de cyclones, et plus violents ?

C’est la grande question, à laquelle il est encore plus difficile d’apporter une réponse : les modifications de la météorologie ne se mesurent pas au jour le jour, mais avec un recul de plusieurs dizaines d’années.

Reste que le risque est grand pour tout l’outre-mer français.

Et tout cela parce que la planète n’arrive pas à réduire sa consommation de carburants fossiles…

Une maison carrément arrachée du sol, comme un cube de carton soufflé par le vent : c’est au lendemain du terrible cyclone de 1928 qui ravagea la Guadeloupe.

Les cyclones d’aujourd’hui apparaissent moins meurtriers, du moins dans les pays développés, grâce à l’amélioration de l’habitat.

Mais ne sont-ils pas plus violents ?

Les veilleurs : l'OMM

Un grand progrès dans la prévention et l'étude des cyclones a été réalisé avec la création de l'Organisation Météorologique Mondiale, qui rassemble les services météo de la plupart des pays de la planète.

L'OMM compte cinq grands centres d'études des cyclones et des dizaines de stations secondaires qui collectent les informations.

Elle dispose aussi des images fournies par les satellites météorologiques géostationnaires et à orbite polaire.

Un échange permanent unit les scientifiques de ces centres, que ce soit en période d'alerte, où il faut suivre pas à pas les cyclones menaçants, ou pendant tout le reste de l'année, où les données sur les cyclones passés sont étudiées de près, afin de tirer tous les enseignements possibles sur la formation et les modes de déplacement de ces phénomènes.

C'est ainsi qu'on voit les spécialistes de Miami dialoguer avec ceux de La Réunion ou de New-Delhi, pour une meilleure protection des hommes.

Le centre de contrôle du National Hurricane Center (NHC) à Miami, d'où partent les avis d'urgence. (Photo Info Pilote).

Les centres météorologiques régionaux spécialisés dans l'étude des cyclones tropicaux sont situés à Miami (USA), La Réunion (France, Océan Indien), Tokyo (Japon), Nandi (Australie) et New-Delhi (Inde). Ils surveillent toutes les zones cycloniques.

Les noms des cyclones

Les premiers cyclones ont été nommés dès 1900, mais cette mesure ne s'est pas étendue partout à la même vitesse : une grande partie de l'outre-mer français n'a adopté les noms que dans les années soixante.
L'affectation d'un nom à un cyclone permet une identification plus simple et plus sûre que la simple date et surtout une identification commune à tous les pays de la zone concernée.
La liste des noms (en réalité, des prénoms, souvent puisés dans la culture des pays riverains) est établie longtemps à l'avance par l'association météorologique de la zone ; souvent, il y a un tour de rôle entre les services météo des différentes nations, afin que chacun puisse établir sa propre liste. La difficulté est évidemment de trouver des prénoms pour les premières lettres de l'alphabet, qui sont "usées" à chaque saison (en revanche, Zoé a toutes les chances de durer : les saisons cycloniques n'épuisent presque jamais, heureusement, les 26 lettres de l'alphabet !).
Pendant très longtemps, les prénoms donnés aux cyclones et ouragans furent exclusivement féminins : sans doute une fantaisie de météorologistes machistes. Une convention internationale a prévu en 1978 que les noms masculins et féminins alternent, mais la France, là encore, a traîné des pieds et cette mesure ne s'applique que depuis la fin des années quatre-vingt-dix dans certains secteurs, notamment l'océan Indien. Il faudra attendre pas mal de saisons avant de mesurer si le hasard fait que les cyclones "mâles" sont plus violents que les cyclones "femelles"...

Les veilleurs : Météo France

La Météorologie Nationale est devenue Météo France : une nouvelle appellation qui rime avec modernisation et efficacité.

Les six centres d'outre-mer (Antilles-Guyane, Réunion, Saint-Pierre-et-Miquelon, Nouvelle-Calédonie, Polynésie française, Mayotte) mènent une veille climatique permanente. Certains, comme celui de La Réunion, figurent parmi les mieux équipés de la planète et travaillent en liaison avec les scientifiques chargés de la surveillance cyclonique dans le monde entier.

Les centres situés dans les zones à risque cyclonique travaillent en étroite liaison avec leurs homologues étrangers de la région : c'est un travail collectif qui préside à l'attribution du nom (quand la perturbation devient "dépression tropicale"), au suivi de la trajectoire et aux prévisions de celle-ci : pas de frontières !

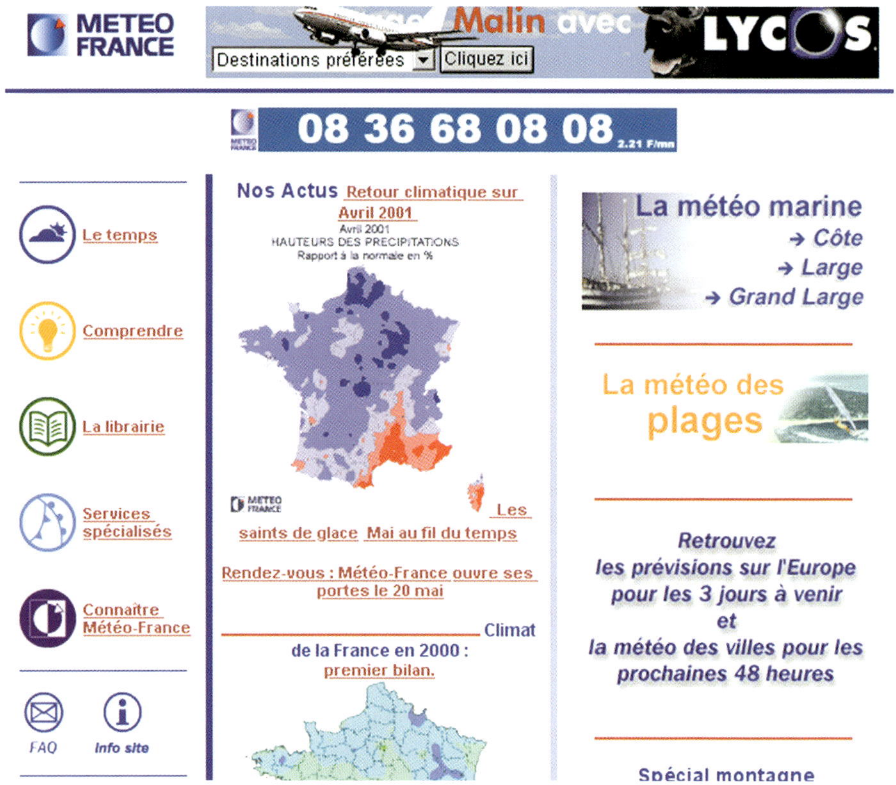

Page d'accueil du site de Météo France : www.meteo-france.fr
Une mine d'informations sur le temps qu'il a fait, qu'il fait et qu'il fera.
Et aussi beaucoup d'explications scientifiques. Incontournable !

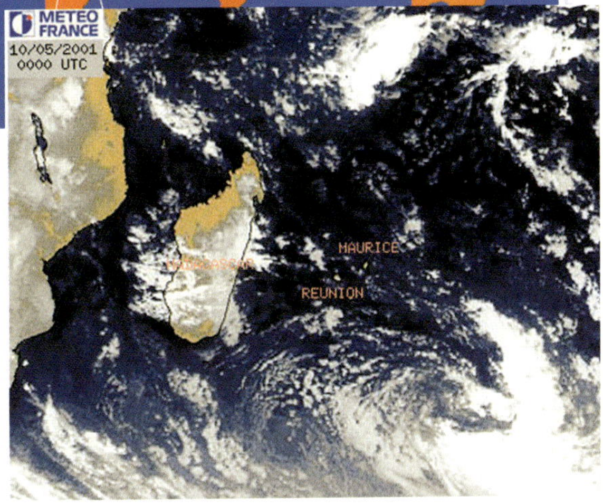

On peut tout trouver ou presque sur le site de Météo France : actualité cyclonique mais aussi historique des saisons passées et la réponse à beaucoup de questions : un service public qui a su se moderniser et s'ouvrir à ses usagers.

Les répondeurs de Météo France

La Réunion :
36 68 00 00 (répondeur général).
Bulletin cyclonique renouvelé toutes les 3 h en cas d'alerte : 36 65 01 01.
Guadeloupe :
36 68 97 10 (répondeur général).
Martinique :
36 68 97 20 (répondeur général).
Guyane :
37 83 00 (répondeur général).
Nouvelle-Calédonie :
36 65 00 (répondeur général).
Polynésie Française :
36 36 08 (répondeur général, Iles de la Société),
36 65 09 (répondeur général, autres archipels).
Saint-Pierre et Miquelon :
41 23 92 (répondeur général).

L'effet de serre

Les scientifiques ne sont pas encore d'accord sur la réalité de l'effet de serre. Du moins, il existe un bloc réfractaire qui nie ces effets, sous la pression de pays très gros consommateurs d'énergie fossile, notamment les États-Unis.

La publication, en février 2001, d'un rapport de l'ONU, va-t-elle obliger les autruches à sortir la tête du tas de charbon ? Les scientifiques internationaux, auteurs de ce rapport, affirment que la température pourrait augmenter de plusieurs degrés au cours du XXIe siècle, à cause de l'effet de serre. Cette augmentation va avoir des conséquences climatiques importantes, mais dont on ne connaît pas encore l'impact précis : fonte des glaces et élévation du niveau de la mer (ce qui rendra les îles encore plus vulnérables aux cyclones), désertification, réchauffement des zones intertropicales engendrant des cyclones plus fréquents et plus violents. Cet avertissement sera-t-il entendu ?

Les pays développés (États-Unis en tête) consomment de plus en plus d'énergie fossile (pétrole, charbon), qui contribuent à augmenter considérablement la quantité de gaz carbonique dans l'atmosphère. Or celui-ci, par effet de serre, provoque un réchauffement. Double problème : 1°) Les pays du monde entier rechignent à réduire leur consommation, 2°) Même si celle-ci se réduisait, l'effet de serre ne cesserait pas avant un bon demi-siècle...

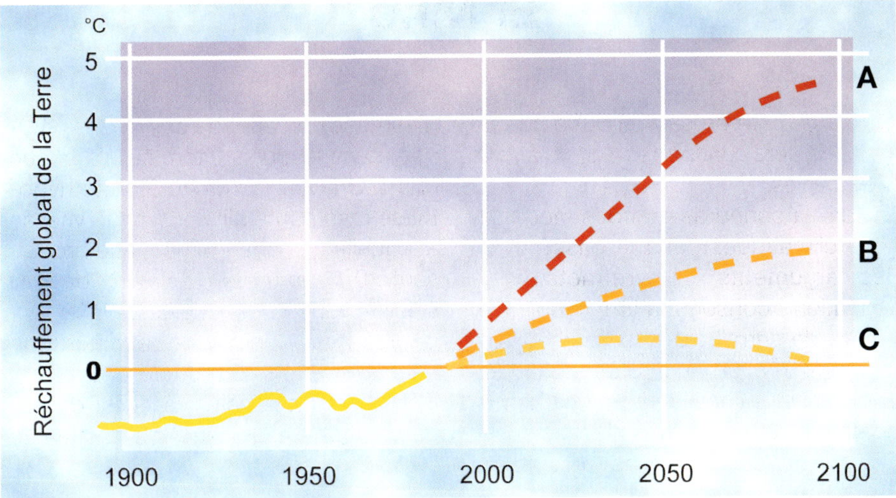

La teneur de l'atmosphère en gaz carbonique (CO_2) a commencé à augmenter avec l'ère industrielle. Le rythme de cette augmentation s'est considérablement accéléré depuis le milieu du XXe siècle : où allons-nous ? (En A, l'évolution de la quantité de gaz à effet de serre dans l'atmosphère si nous ne réduisons pas notre consommation de carburants fossiles, en B si nous réduisons un peu, en C si nous réduisons beaucoup… Une dernière hypothèse hélas invraisemblable).

Demain, ce spectacle sera-t-il de plus en plus fréquent, parce que nous ne sommes pas capables de réduire notre consommation d'énergie ? (Photo Jean-Yves Kee-Soon).

El Niño

La planète ne se réchauffe pas de manière uniforme : il y a des cycles.

La Terre a connu de grandes modifications climatiques dans le passé et un des arguments des réfractaires à l'équation "consommation = pollution = effet de serre" est que l'archéologie montre une alternance d'ères chaudes et glaciaires : il y a déjà eu des hippopotames en Europe, des glaciers aussi. Ce que nous mesurons aujourd'hui n'est-il pas un effet de ces cycles naturels, dans lesquels l'homme n'a aucun rôle ? On pourrait croire à cette hypothèse rassurante s'il n'y avait la vitesse à laquelle ces changements se produisent : 0,7° en un siècle, 1 à 3° dans le siècle à venir, ce n'est plus de la lenteur géologique, c'est une accélération folle. Les effets du courant cyclique El Niño n'ont jamais été aussi désastreux : signe avertisseur d'une planète en surchauffe ?

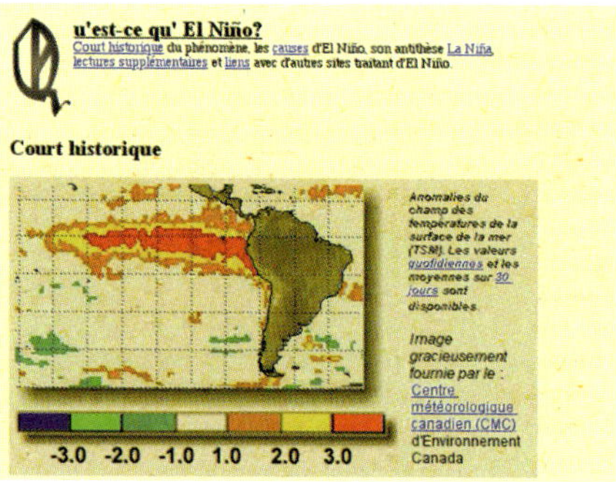

Les preuves par le satellite : cette carte des anomalies de température sur la planète souligne ce que beaucoup de pays industriels persistent à refuser de croire : en 1998 (pour la vingtième année consécutive !), les températures ont dépassé les records de l'année précédente. Ce n'est donc pas un phénomène isolé mais une vraie tendance : en moins d'un siècle, la température moyenne du globe a augmenté de 0,5 à 0,7°C. Cela paraît peu, mais il faut savoir qu'un seul degré peut déclencher des processus irréversibles de fonte des glaces, par exemple.

La grande quantité de sites Internet consacrés à El Niño témoigne de l'inquiétude planétaire à ce sujet. Ici, des images extraites du site msc-smc-ec-gca/elnino, un site canadien ! Pourquoi le Canada, qui est fort loin des zones tropicales, se sent-il menacé ? Parce que les perturbations climatiques affectent la planète entière. Le temps est dépassé où chacun pouvait s'imaginer seul dans sa région : la pollution engendrée dans tel ou tel pays ne limite hélas pas son effet à ses frontières…

Effets présents d'El Niño

1. **L'El Niño établit un record de chaleur avant de disparaître**
Le phénomène d'El Niño a contribué à la tendance au réchauffement du globe, en battant de façon spectaculaire des records de température. Pendant les cinq premiers mois de 1998, la température moyenne de la Terre a dépassé de 1,1 °C la moyenne de référence, de 18,5 °C établie entre les années 1961 et 1990. Certains scientifiques sont d'avis que le réchauffement du globe aggrave peut-être les effets d'El Niño.

2. Une récente analyse du Pacifique tropical révèle que l'El Niño actuel tire à sa fin et que le climat pourrait bien se retrouver en présence de l'opposé du Niño, la Niña. Dans la zone critique du Pacifique tropical située à l'est de la ligne de changement de date, les températures à la surface de la mer se sont beaucoup abaissées en mai et, vers la mi-juin, elles étaient tombées à près de 2 °C au-dessous de la normale.

3. **L'El Niño a contribué au record mondial de chaleur en 1997** D'après l'Organisation météorologique mondiale (OMM), le très vigoureux épisode d'El Niño - Oscillation australe (ENSO) a beaucoup contribué au maximum absolu de la température mondiale établi en 1997. D'après les analyses émanant des grands centres climatologiques et provenant des services nationaux de météorologie et d'hydrologie des membres de l'OMM, la température estimative moyenne du globe, en surface, pour les zones terrestres et maritimes, a en moyenne dépassé de 0,44°C la température moyenne de la période de base de 1961-1990. L'année antérieure la plus chaude fut celle de 1995 (anomalie de +0,38°C). Les températures des Tropiques (30°S-30°N) ont été les deuxièmes des températures les plus élevées des relevés historiques et, aux latitudes moyennes, les températures ont en moyenne dépassé la normale pendant l'année dans une grande partie du centre et de l'ouest de la Russie, dans l'Europe de l'Ouest, dans l'Alaska et les côtes ouest des Amériques. Parmi les zones plus froides que la normale, citons les deux tiers est de l'Amérique du Nord, le Moyen-Orient, le nord de l'Inde et de grandes parties de l'Australie.

4. Grâce à El Niño, le monde a connu son mois de février le plus chaud depuis le début des relevés mondiaux, en 1856. Suivant un rapport diffusé par l'Organisation météorologique mondiale, la température moyenne de l'air, dans le monde, a dépassé de 1,35°C la normale pour février. Le rapport a aussi révélé que l'hémisphère nord a connu son mois de février le plus chaud depuis 1950. Des inondations désastreuses en Afrique orientale, attribuées à El Niño, se sont atténuées pour la première fois depuis octobre 1997. Dans l'île de Bornéo ravagée par le feu, les températures ont égalé le maximum antérieur de 30°C enregistré pendant l'épisode de 1982-1983 d'El Niño.

La teneur de l'atmosphère en gaz carbonique (CO_2) a commencé à augmenter avec l'ère industrielle. Le rythme de cette augmentation s'est considérablement accéléré depuis le milieu du XXe siècle : où allons-nous ?

Un enfant qui perd la tête

El Niño (en espagnol : le bébé, dans ce cas précis, le Divin Enfant, car le phénomène a d'abord été observé aux environs de Noël) est une anomalie climatique connue depuis le XVIe siècle et scientifiquement observée depuis le XIXe : tous les trois à sept ans, l'océan Pacifique tropical est saisi par une poussée de fièvre, qui fait monter sa température de manière inhabituelle.
Cette élévation de température entraîne des modifications du climat : des zones réputées sèches reçoivent des déluges de pluie, des zones normalement humides s'assèchent jusqu'à devenir la proie de feux de forêts, le poisson n'est plus là où on l'attendait, des écosystèmes entiers sont perturbés...
Les études scientifiques ont montré que El Niño était lié à une variation des pressions atmosphériques dans la zone tropicale, cyclique donc prévisible.
Le problème est que cette pulsation climatique, d'une part semble dépasser depuis quelque temps la zone initialement connue, d'autre part donne toutes les apparences d'une accentuation. En effet, il est maintenant attesté qu'El Niño concerne également les autres océans, de manière moins spectaculaire que dans le Pacifique, mais non négligeable. Or, l'océan Indien, en particulier, est bordé de pays extrêmement peuplés (péninsule indienne) où les perturbations climatiques se paient cher en vies humaines : inondations, famines...
Enfin, les mesures faites depuis qu'il existe des satellites montrent que la température moyenne du globe s'élève, ce qui confère encore plus d'effet aux oscillations engendrées par El Niño.

Plus de cyclones, plus violents ?

L'année 1998 a vu deux cyclones d'une extrême violence frapper la zone Caraïbes : Georges, en septembre et Mitch, en octobre-novembre. Cette même année a vu des inondations exceptionnelles en Chine, en Corée, au Japon, en Inde. 2001 s'est inauguré avec de violentes inondations au Mozambique...

"Catastrophes de saison qui ne permettent pas de tirer des conclusions", diront certains. Mais comment interprètent-ils les données relevées sur la France, qui a subi des tempêtes exceptionnelles fin 1999, qui se retrouve avec des températures printanières certains jours de décembre, dont certaines régions ont eu à supporter des crues catastrophiques ?

La question est donc posée : demain, y aura-t-il encore plus de cyclones ? Même si la réponse n'est pas encore tout à fait sûre, il est sage de prendre ses précautions...

Des séries de cyclones particulièrement violentes ont déjà affecté la zone Caraïbes. L'océan Indien, le Pacifique subissent des étés particulièrement torrides depuis quelques années. Est-ce une fâcheuse coïncidence ou le signe d'un changement climatique important et durable ? (Photo Télé 7 Jours Réunion).

Quelle planète allons-nous lui laisser ? (Photo Eric Beauducel).

Conclusion

Dans beaucoup de pays, on considère encore les cyclones comme des phénomènes surnaturels. Même aux Antilles, une enquête réalisée en 1994 par B. de Vanssay relève que 58 % des personnes interrogées donnent aux cyclones une explication religieuse, genre de malédiction entraînée par des pratiques magiques. Seul un quart de la population croit à l'explication scientifique et reprend les termes des météorologues.

C'est dire qu'il y a encore beaucoup à faire pour que ces phénomènes soient abordés avec tout la rationalité nécessaire : tant qu'on croira que Dieu envoie les cyclones, fera-t-on tout ce qu'il faut pour s'en protéger ?

Mais d'un autre côté, peut-être cette vision mystique du cyclone est-elle plus proche de la réalité qu'on ne le pense :si l'hy-

Dégâts après le cyclone de 1932 à La Réunion. (Archives de La Réunion).

pothèse pessimiste du réchauffement climatique se confirme, les cyclones de plus en plus nombreux et violents (Andrew et Hugo furent des records en la matière) sont peut-être les “punitions” de notre comportement irresponsable via-à-vis de la nature. Finalement, les apprentis-sorciers que nous sommes tous, quand nous gaspillons, consommons trop, brûlons trop, ne pratiquent-ils pas un dangereux vaudou qui peut nous mener loin ?

C’est une perspective à ne pas oublier, en notre ère qui se veut scientifique : nous ne pouvons pas tout expliquer, tout maîtriser et la prudence devrait être la règle.

Ne pas oublier non plus qu’en matière de cyclones comme en celle d’esprits frappeurs, les meilleures garanties sont la connaissance et la prévention…

Le 12 avril 1989, le journal “Les Nouvelles Calédoniennes” fait le point du passage du cyclone Lili sur la ville de Nouméa.

Glossaire

Anticyclone

Masse énorme d'air froid, qui assure un temps stable en agissant comme un parapluie au-dessus d'une zone.
Plus l'air est froid, plus la pression atmosphérique est forte et les précipitations sont importantes (taux d'humidité de l'air élevé).

Condensation

La condensation est le passage de l'air de l'état gazeux à l'état liquide. C'est une libération de chaleur sous forme d'eau (la pluie) qui s'accompagne de la formation de nuages.

Dégâts des eaux après un "cyclone de pluie" sur La Réunion. (Télé 7 Jours Réunion).

Beaufort (échelle de)

Établie en 1806 par le capitaine anglais Sir Francis Beaufort, cette échelle de classification donne l'état de la mer en fonction de la vitesse du vent, graduée de 0 à 12, de "calme" (0 à 1 km/h) à "ouragan" (au-delà de 118 km/h). Les cyclones correspondent tous à la force 12.

Coriolis (force de)

Définie par l'ingénieur français Gustave Coriolis (1792-1843), c'est la force engendrée par la rotation de la Terre, qui dévie les fluides en mouvement vers la droite dans l'hémisphère nord et la gauche dans l'hémisphère sud (elle est nulle à l'équateur). Pour vérifier, videz votre baignoire...

Cumulo-nimbus

Puissant nuage en forme caractéristique d'enclume, s'étageant sur plusieurs milliers de mètres d'altitude. Leur formation précède les orages et les tempêtes.
Les vents à l'intérieur des cumulonimbus peuvent être extrêmement violents : les avions les évitent soigneusement.

Dépression tropicale

Lorsque la vitesse des vents est inférieure à 63 km/h, on parle de dépression. Au-delà, c'est une tempête tropicale et, après 118 km/h, un cyclone tropical.
Voir à ce sujet les tableaux des pages 36 et 37.

Cyclogenèse

Perturbation atmosphérique tropicale intense caractérisée par une chute importante de la pression atmosphérique et par des vents très violents, prélude à la formation éventuelle d'un cyclone.

Cyclone de l'hémisphère nord. la force de Coriolis le fait tourner à droite.

Énergie

Le cyclone est une formidable machine thermodynamique, développant une énergie équivalent à plusieurs fois par seconde la bombe d'Hiroshima.

Demi-cercle dangereux

C'est la zone du cyclone située à la droite de sa trajectoire dans l'hémisphère nord (et inversement dans l'hémisphère sud). Dans cette zone, la vitesse des vents s'ajoute à celle du déplacement du cyclone : les rafales sont plus fortes, la mer plus démontée.

Force du vent

La force du vent est égale au carré de sa vitesse. Par exemple, à 120 km/h, un vent est quatre fois plus destructeur qu'à 60 km/h (un vent de 60 km/h développe une force de 360 k par m^2 ; à 120 km/h, cette pression est donc de 1, 44 t/m^2 ; à 240 km/h, de 5,76 t/m^2 !

Houle de tempête

C'est l'agitation de la mer due aux vents cycloniques et à l'onde de choc du cyclone. En pleine mer, ces vastes ondes peuvent atteindre 30 mètres de creux.
Quand elles atteignent les côtes, elles déferlent et peuvent causer de graves dégâts et des inondations.

Marée de tempête

La marée n'est pas causée par le cyclone, mais celui-ci l'amplifie, d'une part par ses vagues (houle de tempête), d'autre part parce que la plus faible pression atmosphérique "appuie" moins sur la mer : à chaque fois que la pression baisse de 1 hectopascal, la mer monte d'un centimètre.

Houle de tempête devant La Réunion, au XIXe siècle. Les navires appareillent en urgence pour fuir la tempête. (Archives de La Réunion).

Hurricane's Hunters

Nom donné dans les années cinquante aux États-Unis aux premiers avions de la météorologie nationale américaine, équipés pour aller au cœur des cyclones.
On les appelle aujourd'hui les "Typhoon's Chasers", ce qui veut dire exactement la même chose…

National Hurricane Center (NHC)

Centre national américain de surveillance des cyclones pour la zone Atlantique, basé à Coral Gargles, près de Miami (Floride).

National Oceanographic Atmospheric Administration (NOAA)

Météorologie nationale américaine.

œil

L'œil, au centre du cyclone, est formé par la rotation des vents, comme le tourbillon au-dessus de la bonde d'un lavabo qui se vide : plus les vents sont forts, plus l'œil est net et large. D'ailleurs, c'est en observant l'œil que les spécialistes déterminent si la perturbation est passée du stade dépression intense au stade cyclone.
Les vents sont les plus violents autour de l'œil, ce qui explique que quand celui-ci passe sur un lieu donné, le vent, qui s'était élevé progressivement pendant l'approche du cyclone, puis avait cessé brutalement à l'arrivée de l'œil, reprend brutalement en sens inverse et à la puissance maximale. Ce "choc en retour" est souvent désastreux pour les constructions.

Pression atmosphérique

C'est le poids de l'air à un endroit précis, mesuré en hectopascals (hPa). La déplacement de l'air se fait toujours des hautes vers les basses pressions.
La pression normale est de 1013 hPa. Au cœur d'un cyclone, elle descend fréquemment au-dessous de 900 hPa.

Trajectoire

En théorie, les cyclones se déplacent d'ouest en ouest en s'écartant de l'équateur, mais cette trajectoire

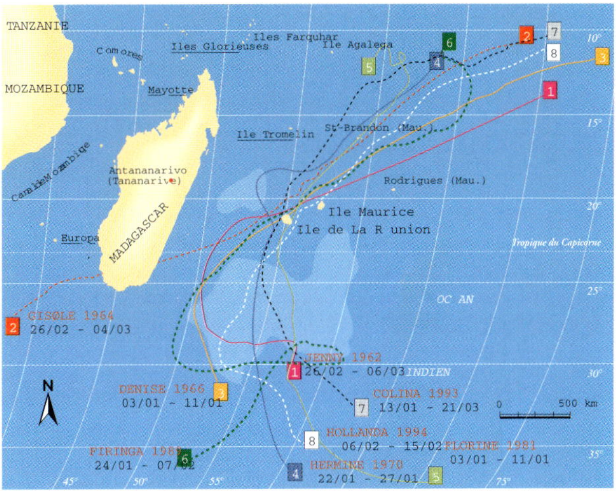

Quelques trajectoires de cyclones ayant affecté La Réunion : même si la "pente" est à peu près toujours la même, il est impossible de la prédire.

"idéale" est toujours déviée par d'autres perturbations atmosphériques, parfois très lointaines, ce qui fait qu'on ne peut pas prédire la trajectoire des cyclones avec une très grande précision.

Remerciements

Pour leur contribution à l'illustration de cet ouvrage :
— La Sécurité Civile (MM. Leclei et Grasnier),
— La Fédération Nationale de la Protection Civile (Mme Francheterre),
— Le Corps Mondial du Secours,
— L'office du Tourisme de la Martinique (Paris),
— La Maison de Tahiti (Paris),
— La Maison de la Nouvelle-Calédonie (Paris),
— M. Jean Pothin, SOCOTEC (Réunion),
— Le journal "Journal de L'Île de la Réunion",
— Le journal "Les Nouvelles Calédoniennes",
— Le journal "Les Nouvelles de Tahiti",
— Le journal "Le Quotidien de La Réunion",
— Météo-France
— Les Archives Départementales de La Réunion
— Jean-Yves Kee-Soon (Réunion),
— Alain Dominan et Maryse.

Pour leur expertise et leur disponibilité :
— La délégation aux risques majeurs du ministère de l'Environnement,
— Le ministère des DOM-TOM,
— La revue Metmar de Météo-France,
— RFO
— Mme de Vanssay et M. Galap (CREDA, Université de Paris V),
— Me Cedric Arlin, Jackson Hoyle, Wyoming, USA,

... et surtout à Pierre Alibert qui a posé la première pierre de cet ouvrage.

Pistes bibliographiques

Pour les adultes :
— Jean Pothin, *Cyclones, environnement, constructions, désordres, remèdes,* SOCOTEC.
— Jean Le Borgne, *Les cyclones*, Que sais-je ? n° 2261.
— Sharon M. Carpenter et Tino G. Carpenter, *The Hurricane Handbook*, Talbred Tours Publications.
— F. Bagney Benito-Espinal, *L'ouragan Hugo.*

Pour les enfants :
— *Les mystères des îles,* Sciences et Vie Junior, hors série n°9, juillet 1992.
— *Les catastrophes naturelles*, Science et Vie Junior, hors-série n° 43, janvier 2001.
— Jacqueline Dineen et Myriam de Visscher, *Les ouragans et les typhons*, Garnier Jeunesse.

Index alphabétique

LE GRAND LIVRE des

CYCLONES
et tempêtes tropicales

Rédaction :
Air Libre Communications
Avec la collaboration de Pierre Alibert

Achevé d'imprimé :
4ème trimestre 2002
en CEE

Maquette : Studio Orphie
J-C Murit

Dépôt légal 4ème trimestre 2002

© Éditions Orphie
Tous droits de reproduction mêmes partiels interdits
ISBN : 2-87763-146-X

ORPHIE